지피지기 관상학

지피지기 관상학

발행일	2025년 5월 23일		
지은이	홍성민		
펴낸이	손형국		
펴낸곳	(주)북랩		
편집인	선일영	편집	김현아, 배진용, 김다빈, 김부경
디자인	이현수, 김민하, 임진형, 안유경, 한수희	제작	박기성, 구성우, 이창영, 배상진
마케팅	김회란, 박진관		
출판등록	2004. 12. 1(제2012-000051호)		
주소	서울특별시 금천구 가산디지털 1로 168, 우림라이온스밸리 B동 B111호, B113~115호		
홈페이지	www.book.co.kr		
전화번호	(02)2026-5777	팩스	(02)3159-9637
ISBN	979-11-7224-636-5 03320 (종이책)		979-11-7224-637-2 05320 (전자책)

잘못된 책은 구입한 곳에서 교환해드립니다.
이 책은 저작권법에 따라 보호받는 저작물이므로 무단 전재와 복제를 금합니다.
이 책은 (주)북랩이 보유한 리코 장비로 인쇄되었습니다.

(주)북랩 성공출판의 파트너

북랩 홈페이지와 패밀리 사이트에서 다양한 출판 솔루션을 만나 보세요!

홈페이지 book.co.kr • 블로그 blog.naver.com/essaybook • 출판문의 text@book.co.kr

작가 연락처 문의 ▶ ask.book.co.kr

작가 연락처는 개인정보이므로 북랩에서 알려드릴 수 없습니다.

나와 타인을 꿰뚫는 얼굴 읽기의 기술

지피지기 관상학
知彼知己 觀相學

홍성민 지음

북랩

> 추천 서문

명쾌한 등불 지피지기 관상학

"사람의 얼굴에는 세상 삼라만상이 모두 다 들어있소이다!"

오래전 세간의 관심을 받았던 영화 '관상'. 얼굴을 보면 그 사람의 모든 것을 꿰뚫어 보는 천재 관상가 내경의 말이다. 외모로 사람을 판단하는 것은 아니지만 인생을 살다 보니 어느새 사람을 대할 때 그 사람의 인생이 담긴 얼굴, 세상의 삼라만상이 담긴 그 첫인상은 연륜이 깊어질수록 기억에 오래 남는다.

저자 홍성민 교수는 40년 지기다. 20대에 만나 격변하는 세상 속, 그 치열했던 시간을 뒤로하고 어느덧 우리는 얼굴만 보면 다 아는 이순(耳順)의 나이가 되었다. 멀리 떨어져 있어 자주 만나지는 못했지만 내가 범접하지 못하는 분야에서 40여 년간 한 우물을 파며, 관상학자로 다방면에서 활동하는 친구가 자랑스럽다. 신문이나 방송으로 친구를 만날 때는 마치 나의 일인 양 열심히 읽고 시청하곤 했다.

오랫동안 연재했던 그 관상학의 단편들을 책으로 엮어낸다니, 그의 관상학을 공부할 좋은 기회가 생겼다. 마음으로 그리던 친구가 첫 책을 준비한다는 소식은 인생 이모작을 준비하는 내게도 큰 자극이 된다.

저자의 오랜 경륜이 담긴 관상학 분야의 해박한 지식을 한 권으로 탐구할 수 있다면 인생에서 만나는 사람들과의 관계에서 생기는 소소한 고민들을 슬기롭게 풀어나가는 데 많은 보탬이 될 것이라 확신한다.

내 어깨에 놓인 짐이 무겁게 느껴질 때 항상 명쾌하게 등불을 밝혀주는 친구가 있다는 것은 정말 큰 행운이다. 이 책을 보노라면 얼마나 노력했을지, 친구의 그 시간과 노력들을 떠올리니 탄성이 절로 난다. 누구보다 부지런하게 배우고 새로운 지식을 찾아다닌 열정 넘치는 모습, 모두에게 긍정의 에너지를 안겨주던 20대 저자의 모습이 새삼 떠오른다.

자식과 같은 첫 책을 세상에 내놓으면서 또 한번 긍정의 에너지로 모두에게 즐거움을 줄 수 있기를, 〈지피지기 관상학〉이 누군가에게 등불 같은 친구가 될 수 있기를 기원한다.

멀리서 친구 홍성민 교수의 출발을 응원한다.

부산시립예술단 사무국
백경옥

서문

어릴 적 나는 밤하늘에 수없이 떠 있는 별을 바라보는 것을 좋아했다.
마츠모토 레이지의 '은하철도 999', 윤동주의 시, 배틀스타 갤럭티카(Battlestar Galactica), 매트릭스(Matrix)와 같은 우주와 존재를 사유하는 이야기에 빠져들곤 했다.

도시의 불빛에 가려 잘 보이지 않던 별빛조차도 내 마음속에는 분명히 존재했다. 그 작고 어두운 점들이 서로 연결되어 하나의 형상이 되고, 이야기가 되고, 세계가 되었다. 그런 경험은 나로 하여금 상징을 사유하게 만들었고, 결국 철학과 역(易), 그리고 관상학으로 이어지는 길 위에 서게 했다.

사람은 누구나 '자기 자신이 누구인가'라는 질문과 마주한다.
이 질문은 철학의 시작이자, 동시에 실존의 출발점이기도 하다. 나는 이 물음을 얼굴이라는 상징적 공간을 통해 탐구하고자 했다. 얼굴은 단순한 생리적 기관의 조합이 아니다. 그 사람의 살아온 방식, 선택, 성격, 사고방식, 질병, 나아가 미래까지 드러나는 하나의 지도이자 우주다.
관상학은 이러한 얼굴의 언어를 해독하는 일이다.
동양 전통에서 상(相)이란 단순히 외형을 지칭하는 것이 아니라, 보이지 않는 질서를 읽어내는 하나의 도구였다. 『주역』의 세계는 앙관부찰(仰觀俯察)—하늘을 우러러보고 땅을 살핀다는 자연현상의 관찰과 해석에서 출발한다. 이처럼 동양의 사유는 상징과 유비추리를 통해 사물과 인간, 자연과 사회의 관계를 조화롭게 읽어내는 방식을 발전시켜왔다. 관상학은 그 연장 선상에서 인간이라는 우주를 해석하는 하나의 방법론이다.

그 속에는 음양오행의 순환과 팔괘의 움직임, 시간과 공간이 흐르고 있다. 얼굴은 하나의 우주이며, 그 안에는 생의 이력과 흐름이 각인되어 있다. 상(相)을 읽는 일은 단지 외모를 관찰하는 것이 아니라, 그 사람의 삶의 궤적과 내면을 헤아리는 일이다.

'지피지기 관상학'은 2015년부터 2017년까지 《이코노믹리뷰》에 연재한 칼럼들을 바탕으로 구성되었다. 당시 나는 매주 얼굴에 담긴 의미와 인간의 삶을 상징적으로 풀어내는 작업을 해왔다. 처음부터 책으로 엮을 생각은 있었지만, 삶은 언제나 생각대로 흘러가지 않았다. 어느덧 10년이 지나고, 내 얼굴에도 세월이 새겨졌다. 체중은 늘었고 주름은 깊어졌으며 흰머리도 자주 눈에 띄기 시작했다. 그러면서 자연스레 생각도 달라졌다. 얼굴이 변하면, 삶의 태도와 생각도 달라지기 마련이다. 어쩌면 상(相)은 그저 관찰의 대상이 아니라, 우리 삶 그 자체일지도 모른다.

2025년 을사(乙巳)년. 이렇게 늦게나마 책을 펴내게 된 것도 우연은 아닐 것이다.

2015년 을미(乙未)년에 시작된 글이 2025년 을사(乙巳)년에 결실을 맺은 것은 전통적인 음양오행의 흐름 속에서 어떤 완결성과 인연을 상징하고 있다. 시절인연이라는 말처럼, 모든 것에는 때가 있고, 그 때에 맞는 만남이 있다.

나는 지금도 누군가의 얼굴을 마주할 때마다 다시금 배우고 생각하게 된다. 관상은 절대적인 진리를 말하지 않는다. 오히려, 변화하는 삶 속에서 '나'와 '너'를 이해하는 상징과 비유의 언어이며, 스스로를 비추어보는 거울이다.

이 책은 완성된 이론서가 아니다. 관상학이라는 오래된 지식 체계 속에서 나름의 실천과 해석을 시도해온 하나의 기록이며, 독자 여러분과 함께 나누고 싶은 대화의 시작이다.

마지막으로 이 책이 나오기까지 응원해 준 분들에게 감사드린다.

경기대학교 동양문화학과 교수님과 대학원생, 연세대학교 미래교육원의 제자들 그리고 함께 공부하며 격려해준 노동숙 선생님, 원고정리에 도움주신 정영희, 김영진, 류화영, 신예지, 김훈명, 민정원, 이영주, 유윤빈 선생님께 진심으로 감사드린다. 관상학에 첫발을 내딛는 이들에게 좋은 안내자가 되기를 바란다.

무엇보다 이 책이 '나를 이해하고 남을 알아가는 길' 위에서, 조금이나마 빛이 되기를 바란다.

2025년 입하(立夏) 여의도 연구실에서
홍성민

목차

추천 서문   4
서문   6

'제왕의 치아'를 가졌나요   14
관상 페이스 리딩, 이것이 기본이다   19
이승만 전 대통령: 전형적인 고위 공직자   22
부자 관상을 가진 유명인은 누구?   25
다산(茶山) 정약용, '눈썹' 때문에 목숨을 위협받다   30
나쁜 그녀, 심청가에 나오는 '뺑덕어멈'의 관상은?   34
코로나 예방, 코·귀·입의 상(相)에 달려있다   39
먹을 복을 타고난 식신(食神), 백종원의 관상   44
롯데그룹 '왕자의 난'과 신동빈 회장   49
영화 '암살'과 백범 김구 선생의 관상   54
국내 최초의 관상평 감정서(1933년)   60
얼굴의 복점과 흉점 판단법   64

코가 조금만 낮았다면 역사가 바뀐다	69
관상에서 말하는 '좋은 궁합'이란	74
머리가 커야 '우두(牛頭)머리'감	78
헨리 8세와 토마스 모어	83
취업·선거에서 이기는 관상 코디법	88
달마 관상법	93
재물 복이 모이는 장소를 관리하라	98
대머리와 객주 집 칼도마의 관상	103
어린아이의 관상 코디법	107
대선 주자 이미지 관상 코디법	111
'금수저'와 '금전두엽'의 관상	115
지구 온난화와 화형인(火形人), 화성인(火星人)의 관상	119
안젤리나 졸리의 관상	124
최한기의 관리 임용법, 관상이 중요하다	127
오바마 대통령의 관상	131
은퇴 준비를 위한 말년 복	135

얼굴의 상처 자국은 인생의 아픔이다	139
물형관상(物形觀相)의 포퓰리즘	143
대선주자 사진으로 보는 "찰색법"	147
가뭄과 용(龍), 좀비의 관상	152
〈진주 귀걸이를 한 소녀〉의 관상	156
음양으로 살펴보는 관상법	160
범죄자의 관상 프로파일링 '어금니 아빠'	163
칼잡이의 관상	167
2018년 황금 개띠 해, 음양오행으로 보는 마케팅 전략	171
황제가 묻고 관상가가 답하다	176
유명인사 관상평(2014~2016년)	180

부록 : 관상의 기초이론	215

知彼知己 觀相學

'제왕의 치아'를 가졌나요

요즘 정치권이 오리무중(五里霧中)이다. 야당은 분당과 신당 창당으로 '헤쳐 모여!'의 분위기인데다, 여당은 비박과 친박 간 공천후보자 전쟁이 초읽기에 접어든 탓이다. 이른바 '연못 속의 잠룡(潛龍)'들의 출사표가 시작된 것이다.

용(龍)은 동양에서 길조의 상징이고, 왕권이나 왕위가 용으로 상징되기도 한다. 관직에 등용되는 입신출세의 관문을 등용문(登龍門)이라고 하고, 임금의 얼굴을 용안(龍顔)이라고 한다.

용은 아래로는 깊은 바다를 다스리며, 위로는 구만리 창천을 솟구치며, 비구름을 마음대로 부릴 수 있다. 여의주는 용의 신통력을 의미하는데, 여의주를 입에 물었다면 무소불위(無所不爲)의 존재로서 모든 조화를 부릴 수 있다. 비상하는 용들의 싸움에서 누가 여의주를 품고 솟구쳐 오를 비룡(飛龍)이 될 것인가.

다음은 〈삼국사기〉 신라본기 유리이사금조에 실린, 서기 24년의 신라시대 왕위 선출의 한 대목이다.

신라 제2대 임금인 남해왕은 아들 유리와 사위 탈해를 두고 왕위 승계를 고민한다. 둘 중에 한 명을 정하여 왕을 삼으라는 유언을 남기고 죽는다. 두 사람은 왕위계승을 놓고 제비뽑기나 힘겨루기의 한판승이 아니라 합리적인 선택으로 왕을 뽑기로 한다. 일명 '떡 베어물기' 게임이다. 떡을 깨물어서 떡에 난 잇자국 수를 세어 치아 개수가 많은 사람을 왕위 계승자로 삼는다는 것이다.

선거전은 공평하게 진행되었고, 두 사람은 떡을 깨물어 떡에 난 잇자국 수를 세었다. 유리의 잇수가 더 많아 결국엔 유리가 왕의 자리에 올랐으며, 온 백성들이 떡 잔치를 벌였다고 전해진다. 그 이후로 신라 임금의 호칭은 '이의 자국으로 왕의 자리를 정한다'는 뜻으로 '이사금(尼師今)', '잇금(이의 금: 이를 문 자국)'이라고 부르게 되었다.

통치자의 자질 검증에 뜬금없이 '치아의 개수'가 제시되었던 이유는 무엇일까. 당시의 역사적, 정치적 사실 여부를 고증할 수는 없지만, 당시 신라 왕위 쟁탈전에는 관상학적 지식이 영향을 미쳤던 것으로 보인다. 〈삼국사기〉에 따르면, 당시 신라인들은 "성스럽고 지혜롭고, 덕이 많은 사람은 치아의 수가 많다"는 인재등용의 판단 기준을 갖고 있었다. 어진 임금의 조건 가운데 하나가 치아의 상이고, 유리왕은 치아가 많아서 왕이 된 최초의 인물인 것이다.

여기서 드는 의문점. 제왕의 관상과 치아의 개수는 무슨 상관관계가 있는가.

관상학에서는 뼈를 '금석(金石)'에 비유한다. 치아의 상아질과 법랑질은 금속 성분이 강하고 경도가 단단하다. 마치 뼈와 유사한 조직 구조를 가진 것이 치아이다. 치아가 크고 튼튼하고 개수가 많으면 그만큼 인체의 뼈 기운도 강하다고 볼 수 있다.

뼈는 골수를 포함하는데 골수에서 혈액이 만들어진다. 마치 오행(五行) 상생관계에서 '금생수(金生水)'하는 이치와 같다. 바위나 암반에서 물이 생겨 나오듯이 뼈에서 혈액이 생성된다. 따라서 치아가 많을수록 '수기(水氣)'는 윤택하기 마련이다. 오행으로 볼 때 수(水)는 혈액, 건강, 장수, 지혜, 재물복의 상징이 된다.

동양에서는 조상과 자손의 동기감응(同氣感應)은 뼈를 통해서 전달되고, 조상의 선업과 복덕은 골기(骨氣)를 통하여 자손에게 유전(遺傳)된다고 생각해 왔다. 과학적으로 수천 년 전에 죽은 사람의 치아에서 DNA 유전자를 추출해 유전정보를 얻을 수 있다고 하니 치아만으로 조상을 추측해 낼 수 있다는 얘기다.

치아를 살피면 그 사람의 부모와 조상의 관계, 건강과 장수, 혈액순환도 알 수 있다. 치아가 많을수록 골수가 많아지고, 우리 몸의 수기(水氣)는 풍부해지고 면역력은 높아진다. 따라서 지혜롭고 덕이 높은 제왕이 될 가능성이 높다는 추론도 가능해진다.

관상학에서는 치아의 개수가 40개 이상이면 공자와 같은 대성인의 관상이고, 38~34개이면 왕후나 재상의 상이고, 30~28개는 일반인의 상이다. 그리고 25개 이하의 치아를 가진 사람은 격이 낮고 단명할 확률이 높다고 본다.

일반적으로 성인의 치아 개수는 평균 28개 정도인데 만약에 사랑니가 전후, 좌우 다 나왔다면 합하여 32개 정도이다. 치아가 정상보다 많거나 부족한 경우를 '과잉치', '무치증'이라고 하는데 치아 개수는 사람마다 개인 차이가 있는 것으로 보인다.

사랑니가 위아래 다 생기고, 치아가 많을수록 턱 면적은 넓어지고 단단해진다. 관상학적으로 턱이 넓어지면 따르는 아랫사람이나 부하직원이 많아진다. 운명적으로 귀하고, 말년복이 좋아지므로 장수하게 된다.

특별한 문제가 발생하지 않는다면 사랑니 발치는 재고해야 할 것으로 생각된다. 사랑니를 뽑을 경우 치아의 개수는 30~28개에 해당되고, 관상학적으로 출세는 중간 정도에 그친다. 더욱이 치아가 썩거나 빠지거나 금이 간 경우라면 치아의 개수는 더 줄어들게 되니, 반드시 치아성형으로 보완해야 한다.

치아의 가운데 위쪽 앞니 두개를 '대문니'라 부르는데 이것이 크고 가지런하면 학문성이 좋아 공부를 잘 하고 총명하다. 왕의 대문니가 깨어지거나 바르지 않으면 국가의 대문이 항상 열려 있는 형상이다. 대문 밖으로 돈도 나가고 사람도 잃어버리고 말(言)도 새어 나간다. 선거를 앞둔 사람의 앞니가 깨어지거나 사이 틈이 벌어져 있다면, 금전상의 손해가 발생하여 선거비용은 다른 사람보다 갑절 이상이 나가게 된다. 대문이 열렸다는 것은 손해나 흉(凶)한 상황으로 해석한다.

스포츠 스타인 김연아와 손연재의 위쪽 앞니 2개는 가지런하고 매우 큰 편이다. 대문니가 좋아서 머리가 비상하며, 후학 양성의 교육 계통도 바람직해 보인다.

입이 튀어나온 돌출치아, 송곳처럼 삐뚤어진 치아, 고르지 못한 치아 등은 구설수가 많은 편이거나 언행이 바르지 않아서 주의를 기울여야 한다. 치아가 엉성하면 매사 하는 일이 작심삼일(作心三日)이 되거나 계획대

 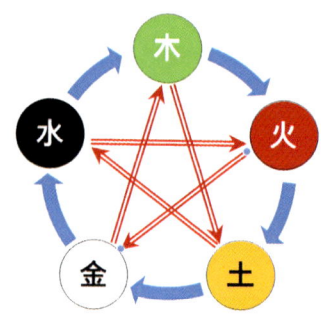

<김연아, 출처: 위키백과(By Sfcphoto.KeunHwa 자작, CC BY 3.0)>

로 잘 추진되지 않는다.

　주역의 건괘에 '비룡재천 이견대인(飛龍在天 利見大人)'이라는 말이 있다. 잠룡(潛龍)이 자신의 연못에서 비상하기 전에 치아의 상부터 점검하기를 바란다. 치아가 바르지 않은지, 썩은 이는 없는지, 삐쭉한 치아로 허튼 소리는 하지 않을지를 점검해 보기 바란다. 치아의 상이 좋아야 여의주를 제대로 물고 비상하리라. 바야흐로 검증받은 비룡(飛龍)만이 대인(大人)을 만나서 이로움을 얻기를 기대한다.

관상 페이스 리딩, 이것이 기본이다

2015년 을미(乙未)년은 양의 해이다. 미(未)는 동물로 양을 나타내며, '아직은 아니다, 그러하지 못하다'라는 뜻이다. 주역 64괘의 마지막 괘명은 화수미제(火水未濟)로 끝난다. 미생(未生)이란 의미를 담고 있다. 미완성이므로 세상은 여전히 완생(完生)을 향해서 나아가며, 순환하는 것이다.

이러한 화수(火水)가 바로 음양의 기운이다. 맑고 가벼운 기운은 화기(火氣)로서, 위로 올라가서 하늘이 된다. 탁하고 무거운 기운은 수기(水氣)로서, 아래로 내려와 땅을 이룬다. 상하(上下)는 음양(陰陽)이며 하늘과 땅이다.

이러한 음양론을 우리 얼굴에 펼치면 이마는 천(天), 코는 사람(人), 턱은 땅(地)이 된다. 이러한 삼재(三才)론이 페이스 리딩(Face Reading)의 핵심 이론이다.

코 비(鼻)의 한자는 스스로 자(自)가 들어있다. 나 자신을 뜻하며, 코가 높으면 자존감도 높아진다. 코를 중심으로 이마는 상위개념이다. 부모와 직장 상사, 명예 등의 의미를 가진다. 턱은 하위개념으로 부하직원, 자손, 물질의 의미가 있다. 시간의 흐름으로 살펴보면 이마는 부모 슬하의 초년, 코는 독립적인 중년, 턱은 자식과 관련된 말년을 의미한다.

아마는 형이상(形而上)으로 귀(貴)함과 명예를, 턱은 형이하(形而下)로 천(賤)과 부(富)를 상징한다. 이러한 해석이 가능한 것은 음양이론이다.

코는 나를 뜻하므로 나의 육체적인 건강과 먹고 살 의식주를 판단한다. 코가 높고 오똑하면 능력사이다. 자존심이 강하여 난관을 잘 극복할 수 있으며, 건강하고, 재물 복이 있다고 판단한다. 코에 살집이 두둑하면 부자 코의 관상이다. 코 옆의 뺨 부위를 주변 사람으로 해석한다. 코 옆에 펼쳐진 광대뼈가 곧 나와 같은 위치 에너지를 가진 동료, 선후배 등이다. 대인관계와 인맥을 좌우 광대뼈로 본다. 영업직원의 경우 광대뼈가 발달되어야 사교적이다. 학연, 지연 등의 인간관계를 통하여 업무적인 효율성

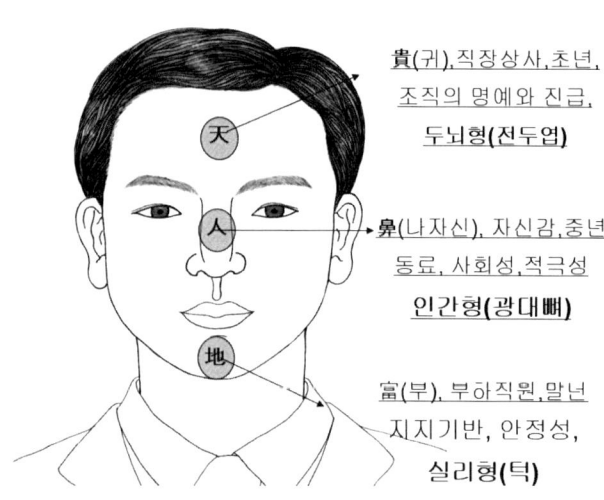

은 높아진다. 상·중·하 가운데 얼굴의 중간 부분이 발달한 사람은, 인간관계가 바로 삶의 원동력이 되므로 인맥이 곧 재산이다.

초·중·말년이 평탄하고, 윗사람과 아랫사람의 관계가 원만한 관상은 밭 전(田)자나 원(圓)자형의 얼굴형이다. 대체로 상중하의 균형이 잘 잡히면 부귀(富貴)와 인복(人福)이 좋은 귀한 관상으로 해석한다. 이마의 면적이 넓고 빛나면 고위직인 명예를 기대할 수 있고 초년에 발복한다. 턱의 면적이 넓고 깨끗하면 자손, 부하직원의 복이 많고 말년 운이 좋다.

이승만 전 대통령: 전형적인 고위 공직자

<이승만 전 대통령, 출처: 위키백과>

대한민국 1대 대통령인 이승만 전 대통령의 관상을 살펴보면 얼굴의 상·중·하의 면적이 균형 잡힌 원(圓)자형의 관상이다. 젊은 시절부터 이마

면적이 대단히 넓은 편이다. 따라서 초년부터 일찍이 발복하며, 명예가 높은 전형적인 고위직 공직자의 관상이다.

코를 관찰해보면 콧날이 높고 바르게 뻗어 있어 재능이 뛰어난 능력자로서 자존감이 높다. 턱도 갸름한 형상은 아니다. 그러나 자세히 관찰하면 70세 이후 사진에서 턱 부위에 끊어진 주름이 많이 나타난 것을 볼 수 있다. 턱의 면적은 넓지만 깨끗하지 못한 상태이므로 말년을 나타내는 턱은 좋지 않은 관상이다.

턱은 지(地)로서 땅, 부동산, 말년, 자손, 부하직원의 운을 나타낸다. 턱이 좋지 않기에 말년에 하급자에 대한 배신이나 자식에 대한 불리함을 나타낸다. 만약 왕의 관상이라면 턱은 아랫사람을 뜻하므로, 백성들의 신뢰에 문제가 발생할 수도 있다. 또한 부동산과 거주지를 살피는 곳으로 말년에 땅에 대한 불안정한 면도 추론 가능하다. 하와이에서 오랫동안 고국에 돌아오지 못한 것도 관상과 무관하지는 않아 보인다.

관상학은 사람의 모습을 살펴서 성격과 운명을 판단하고 그렇게 얻은 결론으로 피흉추길(避凶趨吉)의 방법을 강구하는 학문이다. 결론이 나왔다면 흉을 피할 대안이 필요하다.

과거의 비하여 현대인들의 평균수명은 100세로 늘어나고 있다. 평균수명의 연장이란 환경적 변수를 헤아리면, 초년 33세, 중년 66세, 말년은 그 이후로 가정할 수 있다.

이승만 전 대통령의 관상은 턱이 좋지 않으므로, 너무 늦은 나이인 말년에 대통령이 되면 불리해진다. 적어도 70세 이전에 대통령이 되어야 한다. 턱의 지저분한 주름은 부하직원과 자식에 대한 실책이 발생할 수 있으므로 주의해야 한다. 이기붕 일파의 부적절한 처신이나 배신이 이미 예고된 관상이라고 할 수 있다.

만약 CEO의 상이 이렇다면, 70세 이후에는 은퇴를 고려하거나 전문경영인을 들이는 방법 등을 모색해야 한다. 또는 적극적으로 관상학적 이미지 보완을 꾀하는 것도 하나의 대처 방안이다. 관상학적 이미지 코디는 풍수 인테리어를 활용하는 것과 같은 개념이다.

예를 들면 한양을 건설할 때 풍수적으로 좌청룡에 해당하는 낙산(駱山)이 낮아서 주변 산을 돋우는 가산(假山)을 세우거나, 관악산의 화기(火氣)를 잠재우기 위하여 경복궁에 해태상을 세우는 비보(裨補)풍수 활용법과 같은 이치이다.

귀한 상으로 타고 나는 것도 중요하지만 운이 받쳐주어야 한다. 운구기일(運九技一)이라는 말이 있다. 재능보다 운이 더 중요하다는 뜻이다. 관상학에서 운을 보는 것은 찰색법(察色法)과 성상(聲相)이 대표적이다. 쉽게 해석하면 운(運)이 좋은 사람은 얼굴이 빛나고 광이 나며, 목소리는 밝고 힘이 있으며 멀리까지 울린다. 목소리가 탁하거나 떨리고, 기세가 약하면 운이 나빠진다. 이승만 대통령의 성상(聲相)은 말년에 몹시 좋지 않은 목소리로, 운이 받쳐주지 못한 것으로 보인다.

변화를 알아야 세상을 보는 안목이 생기고, 사람을 판단하는 눈이 생긴다. 모든 일은 사람으로부터 시작되고, 인간관계의 성패가 사회적 성공을 좌우한다. 사람을 가려 쓰는 인사(人事)가 곧 만사(萬事)이다.

부자 관상을 가진 유명인은 누구?

대체로 웃으면 복이 오는 관상으로 변한다. 웃게 되면 입의 길이가 늘어나고, 입가 라인이 올라간다. 이러한 미소 라인은 운기의 상승을 가져온다. 전문 관상서에는 주먹이 들어갈 정도의 큰 입이면 부자의 관상이라고 한다.

신세계 이명희 회장, CJ 이미경 상무, 성주그룹 김성주 회장, 현대 현정은 회장의 입은 큰 편으로 재복이 좋은 관상이다. 물은 끝없이 흘러가는 역마(驛馬)성을 나타낸다. 따라서 입이 큰 여성은 사회적인 활동력이 왕성하다. 여성의 입이 큰 경우, 가만히 집에서 살림 하는 스타일은 아니다. 세로 길이보다 가로 길이가 길어야 벌렸을 때 큰 입이다.

귀 역시 흐르는 강물처럼 부드러운 곡선의 S라인이어야 한다. 부처님 귀를 수건이(垂肩耳)라고 하는데, 귀가 커서 어깨까지 드리워졌다는 말이다. 특히 귓불에 살이 많고 두터워야 좋은 귀다. 귀가 이런 모양이면 재복이 좋고 장수한다.

관상학에서는 귀를 보수관(保壽官)이라고 부른다. 수명을 보호하는 기관으로, 건강과 장수를 확인하는 부위이다.

송해의 귀 모양을 보면 귓불이 매우 두텁고 큰 편이다. 이목구비 중에서 가장 큰 곳이 귀다. 오히려 코보다 귀의 기세가 더 커 보인다. 송해는 국내 최장수 MC로서 2015년에 '90수 기념 콘서트'를 열었다. 송해의 장수 비결은 관상학적으로 큰 귀의 덕분이라고 할 수 있다. 2022년에 그는 최고령 TV음악경연 프로그램 진행자로 기네스북에 올랐다.

몇 년 전부터 강남 지역 성형외과에서 70대 남성들의 귀 성형이 유행하

〈송해, 출처: 위키백과(By 미스트롯 & 미스터트롯 TV, CC BY 3.0)〉

고 있다. 건강과 장수를 위해서 귓불 성형을 하는 것이다. 굳이 성형이 아니어도 하루에 한 번씩 귀를 만져주거나 혈액순환을 위해 귀를 지압하는 것이 좋다. 의학적으로 귀는 연골로 이루어져서 약간 더 자랄 수 있다고 한다.

옛말에 귀 잘생긴 거지는 있어도 코 잘생긴 거지는 없다는 말이 있다. 단편적인 관상학적 지식이 만들어낸 속담이다. 코는 재물복의 본 자리로 재백궁(財帛宮)이라고 부른다. 재백이란 재화와 포백인 옷감을 뜻하는 말이다. 화폐가 생기기 전, 시장 유통성이 있는 상품으로 화폐의 대용품이었다.

코는 살집이 두툼하고 콧방울이 클수록 부자의 상이다. 양쪽 콧방울을 재물창고로 보아 콧구멍이 클수록 사업의 규모가 크다고 해석한다. 또한 콧방울의 좌우로 S자형의 웨이브를 그리면서 좌우로 팔자주름이 강줄기처럼 펼쳐져야 좋다. 팔자주름은 흐르는 강물처럼 입을 감싸며 내려간다. 실제로 코만 크고 팔자주름이 없는 경우는 당대 부자는 될 수 있다. 그러나 말년인 자손까지 강물이 흐르지 않아 3대 부자는 힘들다.

콧방울이 들린 들창코는 재물창고가 들려서 돈이 빠져나가는 형태다. 코 성형 시 콧대는 높지만 콧방울이 들린 버선코 형태로 만드는 여성이 많다. 장단점이 있지만 이런 코는 재물복 면에선 불리한 상이다.

이승기의 코를 살펴보면 코의 기세가 살아있고 콧방울이 매우 두텁다. 콧구멍이 들리지 않았고, 좌우로 팔자주름이 잘 펼쳐져 있어서 재복 좋은 관상이다.

부자의 관상은 흐르는 강물처럼 생겨야 한다. 웃으면 복이 온다는 것은 물질적인 혜택을 의미한다. 웃으면 입은 커지고 입 꼬리는 올라간다. 코의 평수는 더 넓어지고, 눈은 가늘어진다. 기분은 좋아지고, 웃는 얼굴을 보는 타인도 미소로 응답한다.

웃으면 자신과 상대방 모두가 재복 좋은 상으로 변화한다. 웃는 사람이 많아질수록, 움츠렸던 경제는 풀리게 된다. 재무담당 직원과 CEO의 얼굴을 관찰하여, 물 좋은 관상인지 판단해보라. 만일 수량(水量)도 적고 유속(流速)도 느리다면, 상대에게 유머러스하게 웃음을 선사하라. 웃으면 돈이 돈다.

'재상평여수 인중직사형(財上平如水 人中直似衡)' 재물은 평등하기가 물과 같고 사람은 바르기가 저울과 같다는 말이다. 돈은 유통되어 흘러야 균형과 중화를 잡는다. 사람이 모이는 곳이 돈이 모이는 장소이고, 사람이 곧

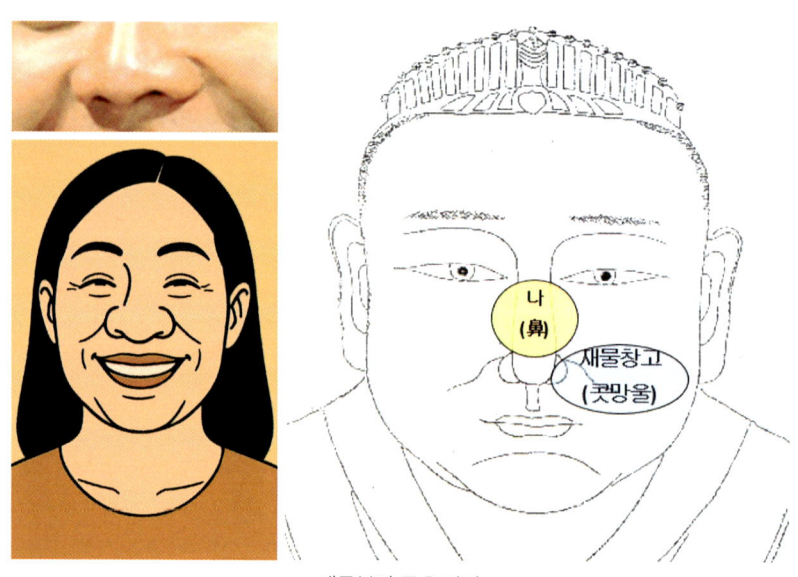

<재물복이 좋은 관상>

돈이다. 상도의 제1원칙은 상즉인(商卽人)이다. 경제 회복의 신호탄은 사람의 얼굴에서 읽을 수 있다. 사람을 알아야 경제가 보인다.

코의 기세가 살아있고 콧방울이 매우 두텁다. 콧구멍이 들리지 않았고, 좌우로 팔자주름이 잘 펼쳐져 있고, 입이 커서 재복 좋은 관상이다.

다산(茶山) 정약용, '눈썹' 때문에 목숨을 위협받다

〈다산 정약용, 출처: 남양주역사박물관〉

다산(茶山), 삼미자(三眉子), 사암(俟菴), 열초(洌樵) 등은 정약용의 아호이다. 이 가운데 삼미자(三眉子)란 별호는 관상과 관련이 깊다. 다산은 어릴 적에 천연두를 앓았는데 요행히 목숨은 건졌고, 대신 양 눈썹 사이에 흉터가 생겨서 오른쪽 눈썹이 세 갈래로 나뉘었다. 그래서 석 삼(三)자에다 눈썹 미(眉)자를 써서 '삼미자(三眉子)'로 불렸다고 한다.

이목구비(耳目口鼻)는 우리 신체에서 매우 중요한 기관으로 시각, 청각, 미각, 후각 기능을 담당한다. 속눈썹은 눈에 들어가는 이물질이나 먼지를 막아주는 작용을 한다고 하지만 눈썹의 기능에 대해서는 잘 알지 못한다. 눈썹은 있어도 그만, 없어도 그만인 부위이다.

그러나 관상학적 시각에서 보면 운명에 절대적인 영향력을 미치는 중요 부위가 눈썹이다. 수명을 보호하는 장소의 상징성으로 '보수관(保壽官)'이라고 부르며, '형제궁(兄弟宮)'의 길흉을 보는 곳이다. 눈썹이 좋지 않으면 수명과 건강, 형제운이 나빠진다. 한마디로 눈썹은 눈의 보호자이다. 비바람을 막아주는 지붕이나 처마 역할을 한다.

눈은 정신과 마음 상태를 표출하는 곳이고, 눈을 보호하는 바람막이 역할을 해주는 장소가 바로 눈썹이다. 눈썹의 형태가 가지런하고 선명하면 보호 울타리가 튼튼하여 질병 없이 오래 산다. 인간관계로 대응하면, 눈썹은 후견인·스폰서·백그라운드·모든 어려움을 막아주는 사람이다. 유년 시절의 눈썹은 부모 형제를 살피며, 초년 보호성의 상징이다. 노년기의 눈썹은 건강과 장수의 상징이다.

직장과 조직에서 윗사람이나 상사가 나를 지켜주는 보호자가 된다. 연예인의 눈썹은 후원자인 팬을 나타낸다. 정치인이라면 정치적인 후견인이 바로 눈썹이다. 눈썹이 얼마나 튼튼한 방어망을 잘 갖추었느냐에 따라

풍파 없이, 오래도록 복록과 지위와 수명을 누리게 된다.

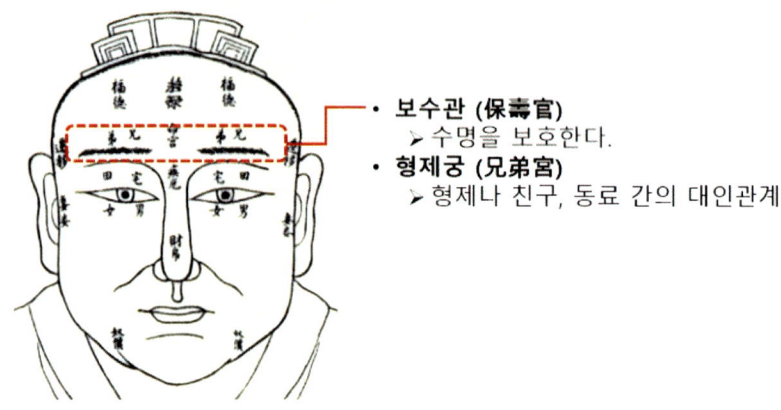

정약용을 관상학적으로 살펴보면, 눈썹의 흉터가 있으므로 목숨이 위태롭거나 형제에 관한 문제가 생길 수 있다. 더불어 초년에 부모운이 좋지 않다. 좌우 눈썹을 구별하면 왼쪽은 양(陽)으로 남성, 부친을 뜻한다. 오른쪽은 음(陰)으로 여성, 모친을 상징한다. 다산은 오른쪽 눈썹에 마마자국의 흉터가 있다고 전해지므로, 모친의 보호막에 이상이 있겠다고 추론한다. 실제로 9살에 모친을 잃었다고 하니 눈썹의 운기와 무관하지는 않을 것이다. 중년에는 천주교 박해와 당파싸움에 연루되어 형제들이 뿔뿔이 흩어져 죽을 때까지 만나지 못했다. 다산의 정치적 후견인인 정조는 일찍 승하하여 그를 지켜주지 못했다. 또한 평생 죽을 고비를 넘기며 18년 동안 유배 생활을 한다.

이렇듯 삼미자(三眉子)의 상이 된 것이 천연두 때문이다. 세상에서 가장 무서운 것은 호환마마(虎患媽媽)라고 한다. 이는 당시 민간에서 부르던 천연두의 별칭이다. 이 병에 걸리면 목숨을 내놓아야 했고, 구사일생으로 병이 낫는다 해도 얼굴에 심각한 곰보자국을 남겼다. 얼마나 무섭고 두려 웠으면 범에게 물려 가는 호환에다 존칭인 마마까지 붙여서 불렀을까. 다산과 천연두의 악연은 자식 대까지 이어졌다. 9명의 자식 가운데 6명을 천연두로 잃었다. 국내에 천연두 퇴치를 위하여 인두법(종두법)을 소개한 이도, 공식적으로는 정약용이 최초이다.

비록 목숨은 구했지만 천연두를 앓은 흔적이 눈썹 위에 남게 된 다산은 관상학적으로 장수하기 힘든 상이다. 천연두(2세), 홍역(14세), 피 토하는 중병(14세), 마진(29세), 두통(30세), 죽을 뻔한 독감(36세), 중풍(50세), 부단한 저술활동으로 인한 시력 저하, 어깨 마비, 피부병 등으로 그는 쉼 없이 병마와 싸웠다. 더욱이 18년의 유배 생활까지 고려하면 75세의 나이로 천수를 누린 것은 기적 같은 일이다.

과골삼천(踝骨三穿)이란 고사가 있다. 복숭아 뼈에 세 번이나 구멍이 났을 정도로 다산이 열공했다는 말이다. 생전에 500여권 이상의 책을 집필했을 정도로 그의 피나는 인내와 노력은 하늘을 감동시켜 천수를 누리게 했을 것이다. 직접 쓴 자서전적 기록인 〈자찬묘지명(自撰墓誌銘)〉에서 다산은 이 같이 밝혔다. '너의 불운함을 거두어들이고 너의 창광을 거두어들여서 힘써 밝게 하늘을 섬긴다면 마침내 경사가 있으리라'

관상불여심상(觀相不如心相)이다. 관상학적으로 예정된 운명을 뛰어넘는 것이 바로 마음이다. 행동과 습관이 바뀌면 운명도 달라지는 법이다. 만약 다산의 눈썹 이식이나 눈썹 문신이 가능했다면, 조선의 역사가 바뀌었을지도 모를 일이다.

나쁜 그녀,
심청가에 나오는 '뺑덕어멈'의 관상은?

　흔히 심술궂고 표독스럽고 몰인정한 여성에게 '뺑덕어멈' 같다고 한다. 심청가에는 나쁜 여자의 대명사로 뺑덕어멈이 등장한다. 심봉사에게 접근하여 가산을 탕진하고, 가정 살림에는 관심이 없고 유흥에만 몰두하며, 심지어 외간남자와 야반도주까지 서슴지 않는다. 이런 당시의 나쁜 여자의 이미지를 심청가의 한 대목은 이렇게 표현하고 있다.

　　"생긴 모양을 볼작시면 말총 같은 머리털은 하늘을 가르치고,
　　됫박 이마에 해눈썹에 우먹눈, 주먹코요.
　　메주 볼, 송곳턱에 입은 크고, 입술부터 큰 궤문을 열어논 듯,
　　쓰래 이 드문드문"

　말총은 매우 강하고 질기고 뻣뻣해서 선비들이 쓰는 갓, 망건 등의 소

재다. 뺑덕어멈의 모발은 말총처럼 억세고 뻣뻣하여 하늘로 치솟은 형태이다. 됫박은 바가지를 뜻하는 말로서 바가지를 엎어 놓은 듯이 생긴 짱구형 이마를 말한다. 눈썹은 새벽닭이 홰를 치듯이, 억세고 털이 곤두 서 있는 모양새다. 서양인처럼 움푹 들어간 눈을 우리말로 우먹눈이라고 한다. 주먹코에 얼굴의 뺨은 못생긴 메주 모양으로 울퉁불퉁하다. 턱은 송곳처럼 뾰족하고 입술은 두껍고 궤짝 문처럼 헤벌어졌다. 또한 써래(농기구)처럼 치아 사이가 벌어진 모습이다.

관상학에선 헤어스타일로 심성과 성격을 보는데, 모발이 억세고 뻣뻣하면 성격 또한 그러하다. 실크처럼 윤이 나는 모발이면 재복 좋고 심성 또한 아름답다. 샴푸 모델의 찰랑이는 머리카락을 연상해보라. 이러한 여성이라면, 외모와 관계없이 배우자로 선택하면 횡재한 것이다. 물론 모발은 평생 유지관리가 가능하다는 조건에서다.

여자가 앞짱구처럼 이마가 너무 볼록하면 후처나 첩실의 상이다. 눈썹 털이 억세고 곤두서면 성격이 강하고 남성 같은 싸움꾼 기질이 있다. 일단 상대방의 눈썹 털이 일어났다면, 성격이 예민하고 개성 강한 스타일이므로 싸움에선 피하고 볼 일이다. 눈이 옴팍하게 들어가면 속을 알 수 없는 사람으로 독한 구석이 있다. 깊을수록 속마음을 짐작할 수 없을뿐더러 오픈마인드형은 아니다.

주먹코는 유독 큰 코를 말한다. 코에 살집이 두둑하면 재물복은 있지만, 유별나게 코만 크다면 얼굴의 다른 부위와 조화를 상실한다. 매사 자존감이 강해서 자기 위주로 인생을 사는 사람이다. 코가 적당하거나 약간 작으면 주변과 화합하면서 가족과 타인을 배려하는 스타일이다. 코는 대체로 큰 편이 좋지만, 너무 크면 오히려 과유불급(過猶不及)이다. 뺑덕어멈이 주먹코라면 -심봉사의 돈을 빼앗아서 자기 돈처럼 잘 먹고 쓴 것을 보면- 관상학적으로 일리 있는 이야기다. 일반적으로 못생긴 사람을 옥상에서 떨어진 메주라고 한다. 볼이 메주와 같다면 상당히 건조하고 갈라진 모양새로 피부 트러블이 있다. 또 송곳처럼 뾰족한 V라인 턱으로 뺑덕어멈의 관상을 표현하고 있다.

복스러운 부잣집 맏며느리상이란 옛말이 있다. 뺨과 턱이 통통한 U자형 턱을 말한다. 턱이 복스러우면 집안의 부동산과 곳간 키를 물려받을 수 있는 얼굴형이다. 관상학적으로 턱이 의미하는 바는 매우 크다. 시간적으로는 말년을, 공간적으로는 자손과 부동산을 의미한다. 턱의 면적이 급격히 줄어들면 말년에는 송곳 꽂을 땅 한 떼기 없이 어렵게 산다고 한다. 뺑덕어멈의 턱을 보아하니, 심봉사를 버리고 젊은 남자를 선택한 그녀의 말년은 그다지 행복해 보이지 않는다. 턱이 갸름하고 뾰족하면 남의 자식을 키워야 하거나 자식과는 인연 없는 관상이다.

최근 현대 미인의 조건으로 뾰족한 턱을 꼽고 있다. 게다가 남성들도 갸름한 V라인 턱을 선호하는 추세다. 지금은 팔팔한 청춘이지만 노년기에 접어들면 그들의 집 평수는 줄어들고, 자식을 낳지 못하는 불임 부부는 늘어나고, 말년은 고독해질 수 있다.

커다랗고 두툼한 입이 헤벌레 벌어진 모양을 상상해보라. 치열이 고르지 않아 사이가 벌어진 치아라면 말할 것도 없다. 입이 단정치 못하고 치아 사이가 뜨거나 뻐드렁니라면, 남과 잘 다투고 시비를 불러들이는 구설수가 잦다. 이른바 스캔들메이커로 요주의 인물이 되기 쉽다는 말이다. 무엇보다 재밌는 것은 뺑덕어멈의 손발 사이즈다.

"손질 생긴 뽄을 보면 솥뚜껑을 엎어논 듯, 수통다리, 발 맵시는 어찌됐건 신발은 짐척으로 자 가옷이 넉넉해야 겨우 신게 되는구나."

<'심청전'의 뺑덕어멈 관상, 출처: 조선시대 관상학 연구>

근육이 붙은 알통형 다리를 수통다리라고 한다. 판소리의 묘사대로 뺑덕어멈은 손발이 매우 큰 특징을 갖고 있다. 특히 신발은 한자 반이 넘는 사이즈로 대략 45㎝가 넘는 발이다. 현대의 신발 사이즈로 비교해 보면, 발이 27㎝ 정도라면 신발 사이즈는 270㎜ 정도다. 과장이 섞였다 해도, 뺑덕어멈은 남성처럼 큰 발 사이즈라는 설명이다. 관상학에서 손발이 크면 고생이 많다고 한다. 특히 여성의 손발이 남성처럼 크고 억세면 팔자가 세다.

외모와 달리 속마음을 알 수 없고, 스캔들과 소문이 좋지 않은, 유흥과

향락을 즐기고, 돈만 아는, 이기적인, 양육과 출산을 기피하는 여성은 조선시대의 나쁜 여성상이다. 짱구형으로 볼록 솟은 이마, 예민하게 곤두선 눈썹, 크고 옴팍 들어간 서구적인 눈, V라인 턱, 알레르기성 피부 트러블, 서구적인 체형의 큰 손과 발은 조선시대 뺑덕어멈의 관상이다. 그러나 21세기는 이런 관상이 오히려 세상을 잘 살아가는 이미지가 될지도 모를 일이다.

코로나 예방, 코·귀·입의 상(相)에 달려있다

"올 가을에 돌림병이 하룻밤 사이에 발생해 큰 도회지는 남김없이 휩쓸었다. 현재 성문의 10리 밖에는 해골이 수만은 쌓여 구렁텅이를 메우고 있다."(조선왕조실록, 순조 21년 10월 18일)

1821년 조선 전국을 휩쓸던 전염병에 대한 기록은 참혹했다. "돌림병이 성행하여 산해관 이남으로부터 바다 가까이에 이르는 수천 리"까지 전파되었고, "서쪽에서부터 수도에 파급되었다가 여러 도에 널리 퍼졌는데, 잠깐 사이에 열 명 중 한두 명도 살아나는 이가 없었다. 집집마다 그 병이 퍼졌는데 불꽃이 튀듯이 빨리 전염되었다"고 전한다.

"옛날의 약 처방에도 없는 병이며 의원들도 증세를 알지 못했고, 금년 여름과 가을 사이에 이 병이 발생했고 팔도에 번졌다." 이 전염병은 "요주(遼州)와 계주(薊州) 지방에서 번져 들어와서 온 나라에 퍼졌다."(순조 21년, 8월22일) 당시 요주와 계주 지역은 중국의 베이징과 텐진으로, 해외에서 들어온 신종 전염병이 유행한 것이다.

서쪽에서 옮겨온 이 괴이한 역병은 불꽃 번지듯이 빠른 속도로 퍼져나갔으며, 여름과 가을 사이에 발병했고, 치료제도 없어 속수무책이었다. 중국에서 들어와서 발병한, 현재의 코로나 사태와 유사하지 않은가.

초기 대응에 실패하여 삽시간에 불똥이 화르르 번지듯이 퍼져나갔고, 코로나에 거의 무방비로 노출되는 사태를 빚었다. 처음에는 정보가 부족해서 병원이나 의사들도 그 증세를 잘 알지 못했다고 한다. 특히 국가의 방역시스템은 혼선 그 자체였다. 해외 신종 전염병 방지를 위한 국가적인 방역 시스템이 갖추어 있지 못했던 것이 하나의 원인이다.

이보다 앞선 1818년, 다산 정약용은 〈목민심서(牧民心書)〉 '애민(愛民) 편'에 이러한 괴질에 대한 국가의 방역관리 기준을 이미 제시했고, 진료 환자 매뉴얼까지 자세히 설명하고 있다.

"염병(染病, 전염병)이 유행할 때는 어리석은 풍속은 차단하고, 백성을 달래어 치료해 주어, 두려워하지 않도록 해야 한다", 즉 '코로나 괴담' 같은 어리석은 풍속에 따른 혼란을 막고, 적극적인 의료 조치와 함께 국민들의 두려움을 달래주어야 한다는 것이다.

코로나에 대한 두려움이 세월호 슬픔보다 2배나 강하다는 언론 보도도 있다. 치사율이 높은 전염병에 대한 공포감이 'SNS 괴담'으로 번지고, 이는 사회적 혼란과 경제 침체까지 영향을 미친다. 코로나 자체보다 코로나 자체에 대한 공포감이 더 무서운 것이다. 200년 전이나 오늘날이나 국민의 정서는 별 차이가 없다. 불안감과 공포감을 해소하는 것이 최우선 과제다.

"무릇 염병이 전염하는 것은 모두 콧구멍으로 그 병 기운을 들이마셨기 때문이다. 염병을 피하는 방법은 첫째, 병 기운을 들이마시지 않도록 환자와 일정한 거리를 지켜야 한다. 둘째, 문병할 때는 마땅히 바람을 등지고 서야 한다. 셋째, 날마다 관리들을 파견하여 의원을 독려하여 사방으로 나가 병을 치료하게 한다. 넷째, 집험방(集驗方, 질병관리 매뉴얼) 100편을 돌에 새겨 전국의 역전에 세워놓고 백성에게 널리 알린다. 다섯째, 죽은 자의 매장을 관리 감독한다."

고을 수령으로서 갖추어야 할 덕목들을 정리한 〈목민심서〉는 공직자들의 필독도서다. 〈목민심서〉에 나온 질병관리 지침에 따라 초기 대응이 중요하다.

〈동의보감〉에는 전염병 예방법으로 다음과 같은 치료법이 등장한다. 전염병 환자와 접촉할 때는 종이 심지에 참기름이나 향유 오일, 석웅황가루, 주사가루를 묻혀서 귓구멍이나 콧구멍 안을 막으면 전염을 막을 수 있다. 환자의 나쁜 기운을 맡으면 전염된다. 이때 약이 없을 때 급한 처방으로, 코에 참기름이나 향유로 문지르고, 종이로 콧구멍을 찔러 재채기를 하면 좋다.

기름을 적셔 코와 귀를 막는 처방법은 현대의 마스크 착용과 같은 의미일 것이다. 환자와 접촉한 뒤 기름을 바르고 재채기를 하면 코로나 바이러스가 몸 밖으로 배출되지는 않는다는 것은 억지일 것이다. 그러나 고대에서는 향유나 아로마 오일 등이 해열제나 염증 감소, 감염증의 해독제로 사용되었다. 참기름은 천연 항생제로 살균력이 있다고 하니 이러한 처방법이 영 못 믿을 내용은 아닌 듯하다.

또 다른 처방법으로, 이른 새벽에 마음을 깨끗이 하여, 사해신(四海神)

의 이름을 3번씩 외우면 전염병을 물리치는 효력이 있다고 한다. 동남서북 사해신의 이름은 '아명(阿明), 축융(祝融), 거승(巨乘), 우강(禺强)'이다. 일단 감염되면 치료약이 없었던 시대이니, 정성껏 하늘에 기도해 보라는 의미로도 해석할 수 있다.

악성 유행병이 돌 때 민간에서는 대문이나 벽에 중국의 장군이나 영웅 등의 이름을 써붙이기도 했다. 이를 '부찰법(符札法)'이라고 하는데 악귀가 두려워할 위인이나 성인, 장군 등 권세가 있는 사람의 이름을 문에 써붙이면 병에 걸리지 않는다고 믿었다. 용맹한 위인의 이름을 문패로 걸어두면 악귀가 두려워서 집 안으로 들어오지 않는다고 생각했다. 관우, 장비, 천하대장군 등 옛날부터 전해져 오는 영웅과 신령의 이름은 귀신에게 공포를 준다고 생각했다. 이는 귀신이 공포심을 느끼게 하여 스스로 물러나게 하려는 뜻이다.

민간 풍속에는 귀신은 음사(陰邪)한 기운이므로 양기(陽氣)인 붉은색을 사용하여 질병을 퇴치하기도 했다. 적색으로 역신을 물리치는 방법으로 동지팥죽으로 액땜을 하거나, 주사(朱砂:선홍색)를 탄 물을 마시거나 주사로 쓴 부적을 태운 재를 물에 섞어 마시기도 했다. 일반적으로 사용되는 적색염료는 주사이고, 주사는 독소가 있기에 이독제독(以毒制毒)의 효과로 역신(疫神)을 제압할 수 있다고 믿었다. 팥죽의 붉은색이 질병을 물리칠 수 있다고 생각해서 집 주변에 팥죽을 뿌리기도 했다. 붉고 매운 고춧가루나 소금을 뿌리는 방법도 병을 퇴치하는 풍속이었다.

관상학에서 질병 발생 여부를 보는 곳은 콧잔등이다. 이곳을 질액궁(疾厄宮)이라고 부른다. 콧등에 검푸른 빛이 나타나면 고대 중국의 명의 편작이라도 병을 고치기 어렵고, 콧대가 낮고 움푹 들어가면 오래된 고질병으로 약 봉지를 달고 사는 관상이다. 입술 부위에 청색이 나타나고, 양쪽 귀에 검은 기운이 나타나면 저승길로 뒤 따라가는 상이라고 한다.

  매일 아침 거울을 보면서 코와 입, 귀의 색을 체크해 보라. 혹시라도 이 곳이 어두워지면 면역력이 떨어졌다는 징조이니, 마스크를 하는 것이 오래 사는 지름길이다.

* 2015년 '메르스'가 유행하였다. 출간하면서 '코로나 예방'으로 수정·보완하였다.

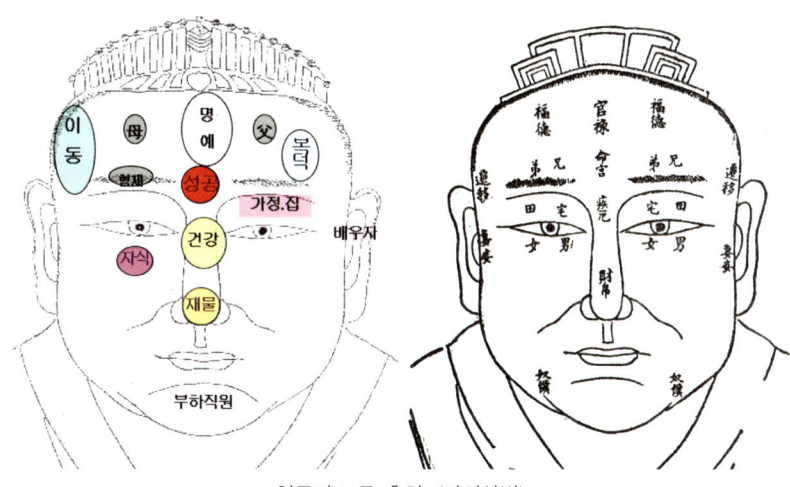

얼굴의 12궁. 출처: 〈마의상법〉

먹을 복을 타고난 식신(食神), 백종원의 관상

요즘 먹고 살기 힘들다고 다들 아우성이다. 스트레스를 푸는 방법 중에 맛있는 음식을 먹으며 현실에 대한 압박감을 해소하기도 한다. 스트레스 해소법인지, 잘 먹고 잘 사는 세상에 대한 열망 때문인지 최근 방송계는 '먹방' 프로그램이 대세다. '식신·테이스티·맛집' 등이 일상화되어 있다. 인간의 욕구 가운데 생존을 위한 욕구는 식욕(食慾), 수면욕(睡眠慾), 성욕(性慾) 등 여러 가지가 있다. 최상위의 욕구인 자아실현까지, 우리가 충족해야 할 욕구는 무한하다. 그중에 생존본능과 직결되는 최소한의 욕구는 바로 식욕이다. 곳간에 먹을 것이 차야 예의를 알고, 등 따시고 배가 불러야 염치가 생긴다고 한다. 이 말은 2700년 전 중국 춘추전국시대 '관포지교(管鮑之交)'의 주인공인 관자의 경제철학이다.

요즘 '삼포(연애·결혼·출산 포기)세대'라는 말이 유행이다. 그만큼 먹고 살기 빡빡한 현실에 치여, 종족보존을 위한 연애까지 포기하는 세대라는 뜻이다. 이 같은 현실에 대한 대리만족으로 요리나 먹방 방송이 신드롬처럼 번진다는 것이다. 경기불황과 솔로(Solo)라는 심리적 공허함을 원초적인 식욕을 통해 해소한다는 분석까지 나왔다.

일련의 먹방 열풍에서 최고의 인기 스타는 〈집밥 백선생〉의 '백종원'이다. 최고급 식자재의 고상한 요리가 아니라, 싱글족을 위한 초스피드 간단 레시피로 만든 집밥이다. 소박하고 평범해 보이지만, 재미있고 맛있는 요리가 대박을 친 것이다. 먹고 살기 힘든 현대인들이 대리만족하기에 더없이 적절한 요리가 아닌가. 만들기 어렵고 손이 많이 가는 식재료로 만든 비싼 요리는 이들에겐 그림의 떡이다. 백종원의 인기몰이에는 현재의 경제상황이 그대로 투영되어 있다. 성공한 외식사업가이자 요리연구가인 그의 얼굴은 식신(食神)의 관상인가? 최고의 셰프는 음식의 신(神)이다. 식신이란 식록복(食祿福)을 타고난 사람을 뜻하는 말이기도 하다. 먹을 복을 타고난 것은 곧 잘 사는 사람의 관상이다.

우리 얼굴에는 식록(食祿) 창고와 복록(福祿) 창고라는 식록복의 장소를 살피는 곳이 있다. 식창(食倉, 식록 창고)과 록창(祿倉, 복록 창고)이란 부위인데, 이곳이 발달되면 식록복이 좋아진다. 이러한 관상은 먹는 업종인 식음료업이나 외식 사업으로 성공할 수 있는 식신(食神)의 상이다. 인중(人中, 코와 윗입술 사이의 오목하게 골이 파진 곳) 옆 부위인데, 인중을 중심으로 왼쪽을 식창, 오른쪽을 록창이라고 부른다. 코와 입술 사이에 있고, 윗입술 위쪽이다. 이곳이 넓고 두툼하면 식록복이 좋은 상이다. 특히 팔자주름이 이 부위를 둘러싸서 길게 뻗어 있으면 말년까지 식록복을 누릴 수 있다.

관상학 용어로 법령(法令)이라고 하는 팔자주름은 자의(字意) 그대로 '법적인 권력을 행사할 수 있는 명령권'을 뜻하는 말이다. 대인관계가 좋고, 잘 웃으면 팔자주름이 생기게 된다. 웃어서 생기는 주름은 행운의 주름이고, 팔자주름은 관상적으로 식록복을 보호하며 장수를 상징하는 주름살이다. 팔(八)자 주름이라도, 좁은 팔자주름과 넓은 팔자주름은 식록복에서 큰 차이를 보인다. 팔자주름이 시원하게 퍼져서 사이가 넓은 팔(八자) 형태로 식록복 부위를 감싸고 돌 때 더욱 좋아진다. 잘 먹고 잘 사는 '식록·복록의 창고' 면적이 그만큼 넓어지게 되는 것이다.

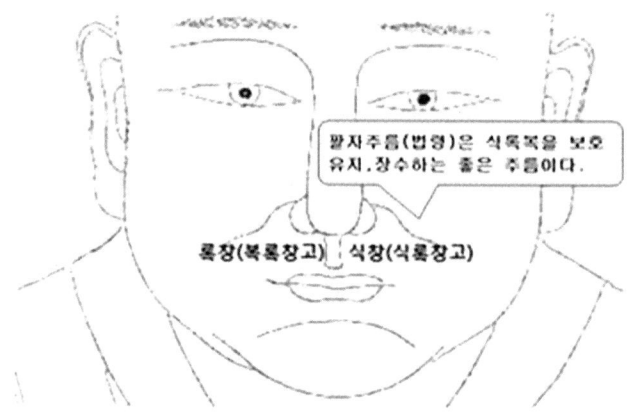

백종원의 윗입술 부위는 면적이 넓고 살이 두툼한 전형적인 식신(食神)의 관상이며, 팔자주름이 넓게 발달되어 턱까지 내려온다. 이는 식신으로서의 권위를 말년까지 행사할 수 있음을 나타낸다.

일반적으로 먹성이 좋은 동물은 돼지이다. 그래서인지 잘 먹어서 기름진 사람을 표현할 때 '돼지' 같다고 한다. 또 돼지 꿈을 꾸게 되면 복꿈이라며 길하게 해석한다. 돼지 꿈, 돼지 저금통 등 동양에서 돼지는 재복 좋

<포대화상>

은 부유한 이미지다.

중국의 포대화상은 복신(福神)의 상징으로, 돈과 복을 내려준다고 한다. 중국 후량 시대의 스님으로 체구가 크고 배가 볼록 나왔으며 웃음기 가득한 통통한 얼굴이다. 포대자루에 시주받은 물건을 갖고 다니며, 가난한 백성들과 아이들에게 나누어 주었다고 한다. 관상학에서도 살이 두툼한 경우를 재물과 식록복이 좋은 상이라고 본다. 살이 찐 얼굴은 사각형이나 둥근 얼굴형으로 전(田)자나, 원(圓)자의 형태. 반대로 살이 빠진 얼굴은 갑(甲)자형으로 세모 형태의 갸름한 얼굴형이다. 대체로 풍족하고 부유한 상은 얼굴과 몸에 적당히 살이 오른다. 반대로 살이 너무 없으면 빈약하거나 궁핍해 보인다.

　먹을 복을 타고 태어나는 관상은 얼굴에 살이 빠지지 않은 오동통한 복돼지 상이다. 또 코끝에서 입 사이의 길이와 폭이 넓고, 살이 두툼하고, 넓은 팔자주름이 선명하다. 이런 관상은 처음부터 타고나기도 하지만, 스스로 노력하면 표정과 이미지를 변화시킬 수도 있다. 팔자주름은 미소주름이다. 대인관계가 좋고 잘 웃는 스타일에게 많이 생긴다. 나이 들어 보인다고 기피하는 팔자주름이 50대 이후의 식록복을 보장하는 셈이다.
　식신의 관상이 많아질수록 우리 사회는 잘 먹고 살기 좋은 사회가 될 것이다. 식록복이 좋은 사람들이 많아질수록 경제는 안정되고 발전한다. 현실적으로 제대로 된 식욕이 채워질 때, 결혼과 출산이란 성욕도 만족될 것이다. 더불어 자아실현이라는 고도의 욕구도 채워지는 사회가 오길 희망한다. 먹을 복이 있어야 부끄러움을 알게 된다. 먹고 사는 것이 힘들어질수록 뻔뻔하고 몰염치한 사람들은 늘어나고, 세상은 각박해질 것이다. 인심과 여유는 모두 '집밥'에서 나오는 법이다.

롯데그룹 '왕자의 난'과 신동빈 회장

최근 롯데그룹 역시 '형제의 난'으로 치닫고 있는 상황이고, 후계자 분쟁으로 복잡한 상황이다.

롯데 신동빈 회장이 일본 국적을 포기하고 한국 국적을 취득한 시점은 지난 1996년이다. 그리고 다음해인 1997년 한국 롯데그룹의 부회장으로 승진한다. 당시 장남 신동주 부회장은 일본 롯데의 전무를 맡고 있었으니, 표면상으로는 차남을 장남보다 더 높은 직급으로 승진시켰다고 볼 수 있다. 이 때문에 롯데가의 후계 구도는 차남이 더 우위에 서게 된 것이다. 한국 국적 취득으로, 간방의 영향을 받은 것인지 알 수 없는 일이지만, 이때부터 롯데그룹의 장자 승계는 점치기 어려운 상황으로 흘러갔다.

한 나라의 왕이 즉위할 때는 전대(前代) 왕의 유언장과 옥새를 받음으로써 후계 왕으로 공인될 수 있다. 옥새는 옥으로 만든 왕의 도장으로 왕의 권위를 그대로 상징한다. 옥새를 받았다는 의미는 왕의 정통성과 왕권을 물려받았다는 뜻이다.

관상학에서도 이러한 옥새의 자리가 있는데 이곳이 바로 미간(눈썹 사이)이다. 관상용어로는 인당(印堂:도장 찍는 장소)으로 이마와 코를 연결시키는 통로 역할을 한다. 이마와 코를 이어주는 통로가 미간이며, 코와 턱의 연결 부위는 인중이다. 이마(부모), 코(본인), 턱(자손)은 초·중·말년과 함께 천인지(天人地) 삼재(三才)를 상징한다.

미간은 부모와 나를 이어주는 소통의 공간이며, 부모가 찍어주는 옥새의 자리이다. 미간은 넓고 깨끗해야 한다. 왕위 계승자의 입장에서는 전대 왕의 전폭적인 신뢰와 믿음을 담보하는 장소이기도 하다.

신동빈 회장의 관상은 이마가 크고 반듯하고 눈이 부리부리하고 시원하게 생겼다. 관상학에서 재물복의 정도를 가늠하는 곳은 우선적으로 코를 중요시한다. 살이 두툼한 복스러운 코는 소부(小富)의 상이다. 그러나 하늘이 내린 대부(大富)는 이마의 좌우 가장자리 옆면을 살펴본다. 이곳을 천창(天倉:하늘에서 내린 복록 창고)이라고 하는데 이마의 좌우 옆면이 넓고 기세가 있으면 초년에 조상이나 부모로부터 물려받은 재산 규모가 하늘로부터 타고났음을 짐작할 수 있다.

눈이 크고 화통하게 생겼으면 양기(陽氣)가 발달되어 적극적으로 자기주장을 펼치고, 진취적인 경영 마인드형이다. 광대뼈가 잘 발달되어 대인관계와 인맥이 좋으며, 대단히 사교적이다. 입은 크고 두텁게 발달되어 있다. 관상학적으로 입이 크고 입술이 두꺼운 사람은 정(情)도 있고, 사업 구상의 스케일도 큰 편이다. 마음으로 신뢰를 준 관계라면 전폭적인 지원을 하고, '속으로 꽁한' 스타일은 아니다. 오히려 할 말은 하고 보는, 적극적이고 추진력이 좋은 관상이다. 침체된 환경이라면 기업의 활력과 역동성을 부여하며, 환경이 어려울수록 과감한 돌파력을 구사하는 최고경영자(CEO_형의 관상으로 후계자로서 자질이 매우 좋은 상이다.

그렇다면 롯데그룹의 후계자로서 옥새를 받을 것인지를 관상학적으로 추론해 보자. 신동빈 회장의 눈썹은 진하지 않고 미간에 일자(一字)형의 짧은 주름이 보인다. 눈썹으로 형제궁을 보는데 눈썹 숱이 많지 않아서 형제의 인연이나 결속력은 없어 보인다. 눈썹 사이의 미간이 좁으면 인당(印堂)이 좁아지게 되므로, 후계자로서 낙점이 지체되거나 어려움이 따를 수 있다. 한마디로 이마와 코의 소통이 잘 이루어지지 않아서 윗사람과 나 자신의 공감대가 줄어든다.

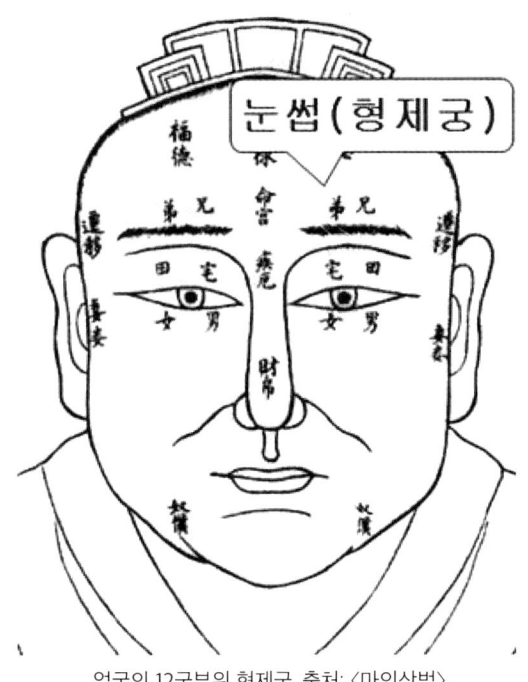

얼굴의 12궁부위 형제궁, 출처: 〈마의상법〉

미간 주름은 최종 결재 도장을 찍는 장소에 구김이 간 것과 마찬가지이다. 도장 찍기 좋은 공간은 일단 주름살이나 구김이 가지 않고 평평해야 한다. 그래야 선명한 도장이 찍힐 수 있다. 신동빈 회장의 미간과 눈썹의 상은 형제간의 불협화음이 발생하고 후견인의 지원과 사업상의 안정감이 약해 질 수 있으므로 눈썹 운기의 보완과 미간 주름을 예방해야 한다. 요즘은 방송에 나올 때 남자 아나운서나 출연자들도 눈썹을 그리거나 화장을 한다. 모발이식으로 이미지를 변신하듯이, 눈썹 이식도 이미지 변화의 대표적인 장소이다.

눈썹과 더불어 우리 얼굴에서 형제(兄弟) 부위를 살피는 곳은 광대뼈가 있는 뺨 부위이다. 뺨의 중간 부분에 해당되며, 좌우 양쪽 관골 정중앙에서 1.5cm 가량 좌우에 있으며, 자매(姉妹)와 형제(兄弟)로 부르는 부위이다.

이곳에 흉터나 점, 색이 어두워지면 친구, 동료, 동업, 형제나 자매에게 불리한 일이 발생한다. 즉, 광대뼈 주변의 점은 주변 사람들의 시기와 질투, 사업상 경쟁 관계의 구도 속에 놓이게 되는 기운을 불러일으키니 제거하는 것이 바람직하다.

관상은 고정불변이 아니라 변화한다. 살이 빠지면 얼굴은 갸름해지고, 살이 찌면 얼굴형이 바뀐다. 백발을 염색하면 젊은 이미지로 변화한다. 운명은 고정불변이 아니라 마음과 행위에 따라 달라진다.

롯데그룹의 후계구도의 이상적인 방안은 신격호 롯데 총괄 회장의 전폭적인 지원과 형제간의 합의에 따른 추대가 가장 무난한 방법이다. '시어간 종어간(始於艮 終於艮)'이다. 간(艮)에서 시작하고 간(艮)에서 마무리하는 법이다.

롯데의 후계구도가 마무리되는 곳 역시 한국이 될 것이다. 롯데그룹의 가솔(家率)들이 모인 간방(艮方)에서 현명하고 지혜롭게 유종지미(有終之美)를 거두길 기대한다. 끝이 좋으면 모든 것이 다 좋은 법이다.

영화 '암살'과 백범 김구 선생의 관상

　최근 관객 수 1,000만 명을 돌파한 영화 〈암살〉은 잊혀져 가는 독립운동가들을 재조명하여 큰 공감대를 불러일으키고 있다. 일제 강점기를 배경으로 상해 임시정부(임정)의 주석인 백범 김구 선생과 무장항일 독립투사들의 이야기이다. 서울시청 외벽도 태극기를 든 김구 선생이 등장해 광복 70주년의 의미를 되새겨주고 있다.
　3·1 독립만세가 비무장운동이라면, 의열투쟁은 적극적인 무장항일 독립운동이다. 붓은 칼보다 강할 수 있고, 때로는 비폭력·무저항 운동이 무장투쟁보다 더 우세할 수 있다.
　그러나 힘의 우열에서 법은 멀고 주먹은 가깝다. 특히, 국가 간의 힘겨루기는 무조건 힘의 논리가 우선시 되는 경향이 많다. 당시 임정의 독립신문은 민족의 처단대상으로 '칠가살(七可殺)'을 공식 공표하였다. ① 적의 수괴 ② 매국노 ③ 일본 고등경찰 및 밀고자 ④ 친일 부호 ⑤ 총독부 관리 ⑥ 불량배 ⑦ 모반자 등이 암살 대상이었다.

　사실과 허구가 섞이긴 했지만 영화 〈암살〉에는 백범의 지시로 의열투쟁을 벌이는 애국지사들의 모습이 등장한다. 외교나 교육, 계몽을 통한 독립운동이 붓을 상징한다면, 무장투쟁은 칼을 상징하는 독립운동이다.

　붓과 칼을 문무(文武)로 대별한다면, 이는 음양(陰陽)론으로 확장할 수 있다. 상하좌우(上下左右)를 음양에 배속하여 정신과 지식은 문(文)을 뜻하고, 육체와 기술은 무(武)를 상징한다. 예부터 '동문서무(東文西武)'라고 하여 문관을 양(陽)으로 삼아 동쪽과 왼쪽에 배치하고, 무관을 음(陰)으로 보아 서쪽과 오른쪽에 각각 배치하였다. 양은 위에 있고 음은 아래에 있으니, 문관을 높이고 무관을 낮추어 보는 상하 위계질서까지 생기게 되었다.

　경위(經緯)란 씨줄과 날줄, 종횡(縱橫)을 나타낸다. 경도는 세로이고 위도는 가로이다. 경천위지(經天緯地)라고 하여, 세로는 하늘인 양(陽)을 표현하고, 가로는 음(陰)인 땅을 나타낸다.

　관상학 역시 종(縱:세로)으로 길쭉하게 생긴 얼굴형을 문관으로, 횡(橫:가로)으로 넓게 퍼진 얼굴형을 무관의 상으로 본다. 횡(橫)은 빗장이나 금지, 가로지르기 등의 의미도 갖고 있다. 횡액(橫厄), 횡사(橫死) 등의 용어에는 칼과 관련한 살기(殺氣)를 의미하기도 한다.

　지난 2008년 캐나다 심리학 연구팀의 실험에서 넓은 얼굴의 '어니(Ernie)형'의 남성이 좁은 얼굴의 '버트(Bert)형'의 남성보다 공격성 테스트에서 더 높은 수치가 나왔다고 한다. 또 얼굴이 좌우로 넓은 스포츠 선수일수록 안타, 장타율, 홈런 등이 뛰어나다는 연구결과가 학술지 '바이올로지 레터

<새서미 스트리트>와 유사한 넓은 가로형 얼굴(어니형)과
좁은 세로형 얼굴(버트형)

스(Biology Letters)'를 통해 발표되기도 했다.

얼굴의 세로 길이와 가로 길이의 비율을 나타내는 fWHR이 클수록 얼굴의 폭은 넓어지는데, 스포츠선수의 타격 능력은 fWHR이 클수록 뛰어난 것으로 나타났다. 얼굴이 넓을수록 남성 호로몬인 테스토스테론의 분비가 많아서, 경쟁심이 강하고 공격적인 경영 마인드와 경제적 성공이 뛰어나다는 연구결과도 나와 있다.

백범 김구 선생의 얼굴형은 광대뼈가 발달되어 옆으로 넓게 퍼진 얼굴형이다. 전형적인 무관의 상으로 적극적이고 행동적이다. 책상머리형 스타일이 아니라 행동으로 실천하는 타입이다. 무관의 상은 곧 칼을 쓰는 관상이다. 살기(殺氣)를 쓰는 분야는 검술, 군인, 경찰, 스포츠, 법무, 교도, 의료인 등을 꼽을 수 있다. 가위나 칼을 쓰는 헤어디자이너, 요리사 등도 칼잡이 직업군이다. 만일 백범 선생이 문(文)을 뜻하는 외교, 교육 분야의 독립운동을 하셨다면 성과는 그리 높지 않았을 것이다. 경쟁적이고 공격적인 경영 마인드형의 어니(Ernie)형 얼굴이다. 무(武)를 뜻하는 무장 항일투쟁이 관상학적으로 더 잘 어울린다.

백범 선생은 코와 광대뼈 부위가 매우 발달되어 있어서 중년 이후 발복을 짐작할 수 있다. 얼굴의 중간 부위에 비하여 이마와 턱은 상대적으로 넓지 않아서, 초년(이마)과 말년(턱) 복이 줄어드는 관상이다.

실제로 초년은 동학운동과 감옥살이, 승려생활 등을 거치는 우여곡절을 겪었다. 중년 이후 대한민국 임시정부의 수장으로 명성을 떨쳤고, 일본의 끈질긴 추적에도 무사한 것을 보면, 중년의 운기가 받쳐주었기에 가능했을 것이다. 오히려 해방 이후 선생의 정치적 입지가 줄어들고, 비운의 죽음을 맞이할 것은 말년 운기의 영향으로 해석할 수 있다.

눈은 가로로 길게 뻗은 모양으로 귀(貴)한 상으로 코는 우뚝 선 대들보의 이미지이다. 코가 대들보의 형상이면 나라의 동량(棟梁)으로 자질이 뛰어나고, 정치적인 카리스마와 리더쉽이 강한 타입이다. 큰 입과 넓게 펼쳐진 팔자주름은 관상학적으로 배포가 있고, 역마살 성향이 강하며, 스케일이 남다름을 보여준다.

다만, 유난히 주름이 많고 얼굴의 피부 상태가 좋지 않다. 이마의 끊어진 주름은 명예나 명분에 구설이 생길 수 있고, 눈가의 많은 잔주름은 배우자와 생사이별을 뜻하기도 한다. 나라 걱정으로 주름이 생기는 것은 당연지사이겠지만, 다른 독립운동가들과 비교해 보았을 때 백범의 주름은 대단히 많은 편이다.

김구 선생은 어릴 때 수두를 앓았고 죽침으로 고름을 짜낸 탓으로 얼굴에는 마마 자국이 남았다고 한다. 관상학에서는 살집을 토(土)로 본다. 유학에서는 인의예지신(仁義禮智信)을 오상(五常)으로 삼고 오행을 배속하였다.

목(木)은 어짊(仁), 화(火)는 예의(禮), 금(金)은 의리(義), 수(水)는 지혜(智), 토(土)는 믿음(信)을 상징한다. 얼굴의 흉터나 심각한 피부 트러블은 토(土)에 대한 부분이다. 신뢰관계에 문제가 발생하거나 배신이 일어날 수 있는 관상으로 추론한다. 즉 피부상태가 안 좋으면 믿었던 부하나 동료의 배신수가 있을 관상이다. 비록 허구이긴 하지만 영화 〈암살〉도 김구를 배신한 친일파 밀정을 암살하는 이야기가 주된 내용이다.

백범에 얽힌 관상의 일화는 유명한데, 백범이 과거급제의 꿈을 접고 관상과 풍수공부를 했는데, 아무리 자신의 얼굴을 뜯어보아도 빈천(貧賤)하

〈백범 김구, 출처: 위키백과(By 미상)〉

고 흉한 관상이어서 매우 실망했다고 전해진다. 관상책 말미에 관상불여심상(觀相不如心相:관상은 마음의 상만 못하다)을 읽고, '호심인(好心人:마음이 좋은 사람)'을 평생의 좌우명으로 삼았다고 한다. 관상이 좋으면 당연히 복이 있겠지만, 마음 좋은 사람은 더 오랫동안 복을 받는 모양이다.

  광복 70주년을 앞두고 트위터에서 최다 언급된 항일애국지사 1위가 백범 김구 선생이라고 한다. 사후에도 국민의 관심과 애정이 변함없다면 김구 선생은 정말 복이 많은 사람이다.

국내 최초의 관상평 감정서(1933년)

명사(明史) 〈원공전(袁共傳)〉은 관상가의 자격 요건을 다음과 같이 전한다.

'밝은 해를 눈으로 마주 보면 일시적으로 눈이 어두워진다. 그때 관상가의 눈을 천으로 가린 뒤, 빛 한 점 들지 않는 깜깜한 방으로 데리고 가서, 가린 눈을 뜨게 한다. 그리고 앞에 놓인 붉은 콩과 까만 콩을 구별해내는 테스트를 거친다. 빛 한 점 들지 않는 방에서 색을 구별해내어야 진정한 관상가라고 할 수 있으니 거의 신안(神眼)의 수준이 아닐 수 없다.'

또한 상을 관찰할 때는 지켜야 할 규칙이 있는데 첫째, 술을 마신 뒤에는 관상을 보지 않는다. 술 때문에 판단력이 흐려질 수 있기 때문이다. 둘째, 남녀가 합방한 뒤에는 상을 판단하지 않는다. 셋째, 싸우거나 감정이 격해진 상태에서는 상을 보지 않는다. 관상가의 마음에 따라 주관적인 판단을 할 수 있음을 경계하는 말이다. 넷째, 군중들이 모인 자리에서는 상을 판단하지 않는다. 많은 사람들이 모인 자리에서 좋지 않은 단점을 지적할 경우, 자칫 망신거리가 되어 남에게 원한을 살 수 있으니 주의해야 할 것이다. 다섯째, 재미나 심심풀이 삼아 관상을 판단하지 말라. 장난삼아 관상을 볼 경우 입으로 구업(口業)을 지을 수 있으니 신중히 상을 판별하라는 뜻이다.

우리나라에는 관상에 대한 실제 사례로 〈전문 관상평 감정서〉와 관련한 기록은 거의 전무한 실정이다. 문헌 기록을 조사해 보면, 우리나라 관상평 감정서는 1933년의 '유아무개 관상사'의 관상평이 문헌상 최초로 보인다.

이 관상평은 무라야마 지준이 쓴 〈조선의 점복과 예언〉편에 자세히 실려 있다. 이 자료에 따르면, 관상가는 먼저 상을 보러 온 사람의 나이와 출생지를 물어본다. 그리고 상담자를 똑바로 서게 한 뒤에 전체 체격을 살펴보고, 앞모습과 뒷모습을 자세히 판단한다.

관상자: 관상사(觀相士) 유아무개(경성부 거주)
피점자: 28세 丙午生 (경기도 출생)
때: 1933년 3월 17일

丙午生 觀相評(병오생 관상평)

觀君其局(관군기국) 金局金形(금국금형) 月角低陷(월각저함) 梧林先秋(오림선추)
兩角不齋(양각부제) 必有二母(필유이모) 眉如掃箒(미려소추) 兄弟七八(형제칠팔)
南岳傾側(남악경측) 早見必敗(조견필패) 眉租眉濃(미조미농) 性多好色(성다호색)
痣出領前(지출영전) 以言取禍(이언취화) 印堂低陷(인당저함) 早有風霜(조유풍상)
印有懸針(인유현침) 間間官灾(간간관재) 目長而潤(목장이활) 志氣通古今(지기통고금)
中岳降直(중악강직) 中年大貴(중년대귀) 淚堂一空(누당일공) 夫妻隔角(부처격각)
奸門風釖(간문풍일) 刑妻二三(형처이삼) 兩顴不正(양관불정) 多成多敗(다성다패)
命門廣潤(명문광활) 出入近貴(출입근귀) 脣紅齒白(순홍치백) 能言能語(능언능어)

> 天倉豊滿(천창풍만) 貴人來助(귀인내조) 地庫豊厚(지고풍후) 晩歲榮華(만세영화)
> 面多黑痣(면다흑지) 必有橫厄(필유횡액) 頭圓成骨(두원성골) 早覺世情(조각세정)
> 手足頓厚(수족돈후) 身閑心閑(신한심한) 臥蚕豊下(와잠풍하) 子晩妻遲(자만처지)
> 北岳朝天(북악조천) 壽福綿綿(수복면면) 口大舌小(구대설소) 心渡北河(심도북하)
> 印中深潤(인중심활) 男女四五(남녀사오)
> 耳後壽骨隆堅高(이후수골융견고) 聲淸骨淸神亦淸(성청골청신역청)
> 一日幾何(일일기하) 冠之九年(관지구년) 雨井可期(우정가기) 猛虎出林(맹호출림)
> 見年之運(견년지운)30 閑中有忙(한중유망) 立之一二(입지일이) 池魚入海(지어입해)
> 立之三四(입지삼사) 先吉後凶(선길후흉) 入之五六七八九(입지오육칠팔구)
> 入海風波心支片舟(입해풍파심지편주) 雲散月出終見亨通(운산월출종견형통)
> 井年之運(정년지운) 一成一敗(일성일패) 自井一至命年(자정일지명년) 萬事大吉耳
> (만사대길이)

1933년 관상평 감정서 내용. 출처: 〈조선의 점복과 예언〉

그 뒤에 얼굴의 상을 자세히 관찰하고 관상평 감정서를 작성하여 상담자에게 설명해 준다.

당시 경성부(京城府)에 거주하는 유 아무개의 관상사가 쓴 감정평가지의 내용을 살펴보자. 관상을 보러 온 사람은 1933년 3월 17일(음력) 병오(丙午)생의 28세 남성이고 경기도에서 태어났다. 관상평은 풀어보면 다음과 같다.

전체적인 체형은 금형(金形)이고, 이마에 흠결이 있어서 '오동나무 숲에 가을이 먼저 온 형상'이며 관상학적으로 이마의 부모자리가 조화롭지 않아서 두 어머니가 있다. 이마가 반듯하지 않고 기울어져 있으니 초년에 불리함이 있고, 눈썹이 거칠고 너무 진해서 성품이 호색(好色)하며, 이마 앞에 점이 돌출되어 있어서 향후 구설수에 주의하라고 적혀있다.

미간이 꺼지고 주름이 깊어서 일찍 어려움을 경험하고 간간히 관재(官

災)를 겪고, 눈이 길고 넓어서 의지와 기개가 있으며, 코가 높고 우뚝하여 중년에 크게 귀하게 된다. 그러나 눈 밑의 살이 푹 꺼져 있고, 눈가에 흉터가 있으니 배우자와 떨어져 살거나, 처에게 형액이 있게 될 것이다. 또 얼굴의 광대뼈(뺨)가 좋지 않아서 성공도 하지만 실패도 하게 되고, 입술이 붉고 치아가 깨끗하므로 말을 잘하고, 턱이 넓어서 만년에 영화가 따를 것이다. 얼굴에 검은 점이 많아서 횡액(橫厄)은 따르지만, 머리가 둥글고 골기(骨氣)가 좋아서 빨리 세상물정을 아는 총명함이 있다.

손과 발이 두터워서 몸과 마음이 여유롭고, 눈 밑의 살이 처져서 처와 자식을 늦게 얻으리라. 턱이 좋아서 수복(壽福)이 있으며 입은 큼직하고 혓바닥은 작으니 마음이 바다같이 넓을 것이다. 인중이 깊고 넓어서 자식은 4~5명을 두게 되고, 귀 뒤의 뼈가 높고 견고하고, 목소리가 청(淸)하여 드러나는 기운이 맑아 보인다. 서른 전에는 발전이 더디나 31~32세에 물고기가 바다로 나가는 격이고, 33~34세에 먼저는 좋지만 나중에는 좋지 않은 운이다. 35~39세에 구름이 흩어지고 달이 나오듯이, 어려움이 물러가고 마침내 좋아질 것이다. 40세에는 성공도 하지만 실패수도 따른다. 41세부터 50세까지 만사가 다 길하게 되리라.

관상평에 따르면 신체의 상과 얼굴, 점과 주름, 손발, 목소리, 혀의 길이까지 관찰하고 있다. 부모 형제, 배우자를 비롯해서 자식의 숫자까지 예측하고, 그 사람의 성격과 살아가면서 조심해야 할 내용까지 기록하고 있다. 또한 나이별로 운명의 길흉(吉凶) 시기도 자세히 나열했다. 비교적 자세히 관상의 각 부위를 살펴서 운명을 추론했다. 1930년대의 전문 관상평 자료로 관상학 전공자들에겐 매우 소중한 자료가 아닐 수 없다.

얼굴의 복점과 흉점 판단법

일반적으로 얼굴에 점이 있으면 듣기 좋은 말로 '복(福)점'이라고 한다. 얼굴의 점이 너무 커서 보기 흉하면 제거해야 하는데, 만약 복점이라면 선뜻 없애기가 쉽지 않다. 잘못하면 스스로 복을 차버리는 결과가 올 수도 있기 때문이다. 그대로 두자니 맘에 안 들고, 빼자니 영 개운치 않다.

의학적으로 점은 멜라닌 색소 침착 때문에 생긴다고 알려져 있다. 이러한 단순한 멜라닌 착색에 불과한, 미약하고 사소해 보이는 점이 운명에 영향을 미치는 판단 근거가 될 수 있을까. 실제로 작은 점들이 모인 기미, 잡티, 주근깨 등이 있는 얼굴은 칙칙하고 탁해 보인다. 반면 잡티 한 점 없는 얼굴은 투명하고 맑으며 깨끗해 보인다. 점의 유무(有無)에 따라 이렇게 이미지가 달라 보인다면, 점은 우리에게 분명히 영향을 미친다고 볼 수 있다.

복은 운수나 행운, 행복이란 뜻으로 통용되고 있으니, 과장하여 말하자면 '복점' 하나로 인생이 달라질 수도 있다는 말이다. 관상학에선 점을 두 가지 의미로 해석하여, 복 있는 점과 좋지 않은 '흉(凶)점'으로 구별하여 판단한다. 세기의 여배우 마릴린 먼로의 트레이드 마크는 살짝 벌린 입술과 함께 반지르르한 흑요석 같은 입가 점이다. 누구나 입술 옆에 먼로의 점을 찍고 나면 왠지 에로틱해 보인다. 입가의 점은 왜 섹시해 보이는 걸까? 관상학적으로 점은 '물 기운'을 나타낸다. 동양의 음양론에서 양은 불(火)과 밝음을 상징하며, 음은 물(水)과 어두움을 나타낸다. 흑색, 갈색, 청회색, 붉은 점, 기미, 주근깨 등 모든 점들은 색소가 침착된 것이다. 일단 점이 생기면 얼굴은 어두워지고 점이 없는 얼굴은 밝고 환하다.

  점은 음기(陰氣), 수기(水氣)를 상징하며 어두운 색이다. 고대 동양인은 물을 흑색으로 보았는데, 이는 수심이 깊은 바다를 상상해 보면 쉽게 짐작된다. 심해에는 수심이 너무 깊어서 빛이 투과되지 않는 캄캄한 암흑 세상이다. 검은 색은 물의 기운이며 밤과 달, 음기를 뜻하고 음란과 다산(多産)의 의미를 갖고 있다. 눈가를 검게 칠하는 스모키 화장은 매우 관능적이다. 고대 이집트인은 짙은 검은색을 사용하여 눈매를 강조했는데 클레오파트라와 파라오의 눈 화장법도 이러하다. 건강을 위해서든 종교적인 이유에서든 이러한 화장법은 그러한 이미지를 낳는 법이다. 눈가의 검은 기운을 관상학적으로 판단하면 순수혈통을 지키려는 음기의 발동으로 해석될 수 있다.

  점은 정자, 난자, 수정란의 물 기운이다. 또 자손 번창과 농경사회의 노동력과 풍요로운 재물복을 의미한다. 물 기운은 이성을 유혹하여 생식, 생산, 번식을 위한 섹시미의 표상이 되기도 한다. 촉촉한 젖은 머리, 햇볕에 탄 어두운 구릿빛 피부 등은 모두 요염해 보인다.

관상학에서 입을 수성(水星)이라고 부르며, 큰 강물로 본다. 입술 근처에 점이 있게 되면, 입이란 강물에 또 물 기운을 더했으니, 음기가 넘쳐나서 이성에게 매력적으로 다가온다. 한마디로 '내 아를 낳아도'라는 프로포즈를 받을 수 있는 사랑스러운 점이다.

또 입 주변의 점은 먹을 복이 많은 복점이다. 식록복(먹고 사는 의식주복)이 많다는 것은 먹고 살만한 돈복이 있다는 의미이다. 반면 물의 별(水星)에 점이란 수기(水氣)가 겹치게 되어 수액(水厄)이나 물난리를 겪게 된다고 관상서에 나와 있다. 물가, 수영, 항해, 음식이나 물로 인한 배탈, 설사, 약물 중독, 음독(飮毒) 등도 주의해야 한다. 입가 점은 복과 흉이라는 장단점을 동시에 갖고 있다.

실제로 섹시심벌인 마릴린 먼로는 재물복도 좋았지만, 약물 중독으로 사망했다는 설이 있다. 눈에 띄지 않는 작은 점은 작용력이 약하지만, 먼로의 점처럼 크고 선명한 입가 점이라면 영향력이 만만치 않아 보인다. 이미지가 운명을 만들고 표정이 습관을 만든다고 한다. 평소 늘 입을 벌리고 있으면 기운의 탈기되어 건강이 나빠진다. 폐가 안 좋거나 비염, 천식 등이 있으면 대체로 입으로 숨을 쉬게 되니, 자연히 입은 벌어지게 된다. 이때 눈빛이 살아 있으면 정신력이 강하지만, 눈빛이 풀리거나 몽롱하면 건강에 더 치명적일 수 있다.

양(陽)은 양답고, 음(陰)은 음스러워야 한다. 불기운은 위로 올라가고, 물은 아래로 흐르는 것이 자연의 도(道)이며 순천(順天)이다. 그래서 점은 아래쪽에 있거나 어두운 곳, 안 보이는 곳에 숨어 있으면 복섬이라고 부른다. 입과 턱 주변, 안 보이는 몸 안이나 눈썹 안, 모발 속에 있으면 행운

〈마릴린 먼로, 출처: 위키백과(By Studio publicity still)〉

의 점이다. 특히 신체 중에서 가장 아래쪽이 발바닥이다. 발바닥에 점이 있으면 음(陰)인 수기(水氣)가 마땅한 자신의 자리에 머문 것이 된다. 그래서 발바닥 점을 최고의 길상으로 친다. 당나라 현종과 양귀비가 총애했던 이가 안록산이다. 그가 병권을 잡고 출세가도를 달린 것이 발바닥 점 때문이라고 하니, 얼마나 좋은 복점인가.

　가슴과 엉덩이 부위에 점이 있으면 귀한 자식을 생산할 복점이고, 턱 아래쪽에 잘 안 보이는 곳에 점이 있으면 부동산과 남모르는 재물복을 타고났다. 턱은 말년과 부동산을 상징하며, 턱 아래쪽에 숨어 있는 점 역시 복점이다. 한화의 김승연 회장은 턱을 위로 들어야만 보이는 점을 하나 가지고 있다. 한화가 올해 면세점 사업권의 행운을 거머쥔 것은 턱 밑의 복점이 영향을 미쳤을지도 모를 일이다. 운수대통의 복록이 필요한 사람이라면 머리카락 속에 꼭꼭 숨어있는 복점이라도 찾아보면 어떨까 싶다.

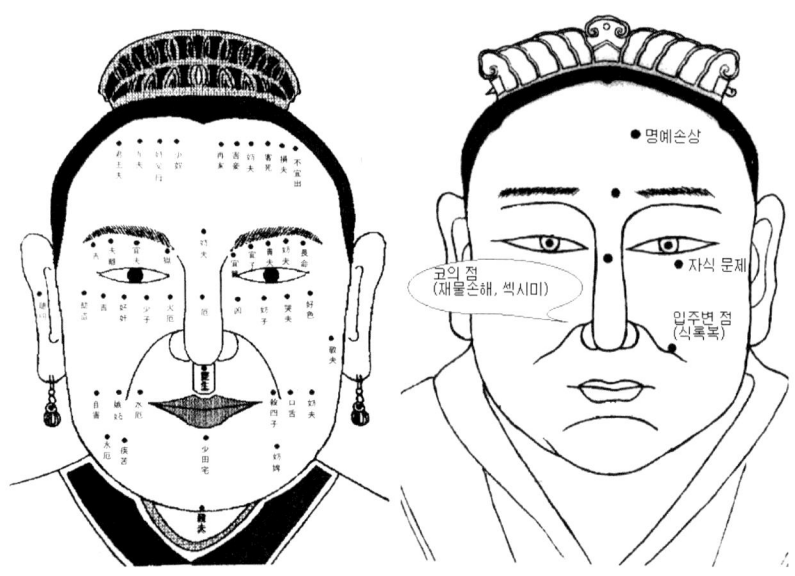

코가 조금만 낮았다면 역사가 바뀐다

"클레오파트라의 코가 조금만 낮았더라도 세계의 역사는 바뀌었을 것이다." 프랑스 철학자 파스칼의 말이다. 다른 부위와 비교해 특히, 코는 인상 변화에 매우 큰 영향력을 미친다. 코의 높이가 조금만 달라져도 이미지가 전혀 다르게 보인다.

관상학에서 코는 파스칼의 말처럼 자기 역사를 새롭게 쓸 수 있을 정도로 매우 중요한 부위다. 얼굴의 센터(중심점)에 있으며, 가

〈클레오파트라의 초상, 헤르쿨라네움, 기원후 1세기, 출처: 위키백과〉

장 높은 산(山)이다. 코는 우리 얼굴에서 '숨쉬기'라는 가장 중요한 기능을 담당하며, 건강과 밀접한 관련이 있다. 먹지 않아도 며칠은 버티지만, 숨은 5분만 안 쉬면 죽는다.

고대 인도의 철학서 '우파니샤드'에는 다음과 같은 우화가 나온다. 눈, 귀, 목소리, 마음, 숨(호흡)이 서로 자기가 가장 중요하고 훌륭한 감각기관이라며 다투며 싸운다. 결국 신을 찾아가서 누가 가장 중요한 감각기관인지 물어보기로 한다.

신은 각자 1년 동안 몸에서 떠나 있다고 돌아왔을 때 알게 될 것이라고 말해 주었다. 목소리가 몸을 빠져나갔다. 벙어리가 되어 답답하긴 했지만, 눈으로 보고 귀로 듣고 마음으로 생각하며 지낼 만했다. 그 다음 눈이, 귀가 몸을 빠져 나갔다. 마음이 몸을 빠져 나갔지만 마음 없이 사는 것도 가능했다.

그러나 '숨'이 몸을 빠져나가자 모든 감각기관들이 일시에 죽어 버렸다. 그래서 '숨'이 몸의 주인이자 가장 중요하고 훌륭한 기관으로 추앙받았다는 얘기가 전해온다.

고대 사람들은 '숨'을 호흡, 생기(生氣), 신체, 자신, 본체 등을 뜻하는 의미로 사용했다. 호흡을 멈추면 생명체는 죽는다. 따라서 호흡이 있으면 생명이 있는 것이고 없으면 죽은 것이다. 성경의 창세기에서도 '하느님이 흙으로 사람을 빚으시고 생기를 코에 불어 넣었다'고 한다. 요가나 명상 수행법에서 호흡은 자아 찾기의 한 방법으로 등장한다. 제대로 된 산소공급은 세포분열을 촉진하고, 이산화탄소를 배출하며, 생활에 필요한 에너지를 만든다. 도가(道家)에서도 단전호흡을 하면 불로장생(不老長生)을 할 수 있다고 한다. 이론적으로 숨쉬기 운동만 멈추지 않는다면, 우리는 영원히 살 수 있다. 고대인들에게 공기를 통한 호흡은 생명 그 자체와 동일시되었고, '숨'을 곧 '생명'으로 보았다.

영원한 생명활동, 삶을 이어가는 장소가 바로 코다. 코를 통하여 공기가 폐에 도달하며, 혈액순환이 일어나고, 건강하고 활기찬 에너지를 만든다. 이렇게 만들어진 활력은 왕성한 사회활동과 그에 따른 물질적 혜택을 가져다준다. 코는 관상학에서는 건강, 재물, 자기 능력과 자존감을 상징한다. 한마디로 코는 바로 나 자신(Ego)이다. 육체적 건강과 정신적 자존감, 먹고 살만한 재물복을 보는 장소이다.

건강, 경제력, 참자아의 삼위일체(三位一體)는 행복한 삶을 영위하는 기본조건이다. 소박한 행복은 경제력과 건강, 자신감만 있다면 사실 만족할 만한 삶이라고 할 수 있지 않은가.

이 3가지가 모두 코에 달려 있다. 즉 코로 숨만 잘 쉬면 해피(Happy, 행복)할 수 있다는 얘기다. 코가 어떻게 생겨야 이러한 복을 누릴 수 있을까. 보기 좋고 맛있는 사과 고르는 법을 알고 있는가?

일단 사과는 작은 것보다 큰 것이 맛있다. 찌그러지거나 흠이 있으면 별로다. 색은 선명하고 예뻐야 한다. 관상학적으로 잘 생긴 코는 사과 보는 법과 동일하다.

코는 작은 것보다 약간 큰 것이 좋다. 얼굴의 정중앙에 위치하고 곧고 바르게 생겨야 한다. 콧날이 낮거나 꺼지면 안 된다. 코가 비뚤어지거나 휘거나 콧등이 튀어나오면 숨쉬기 불리한 코의 모양이 된다. 코에 변형이 생기면 인생 자체가 굴곡이 생긴다. 자신이 가야 할 삶의 길이 바뀌게 된다. 전공과 직업의 변화, 건강과 질병, 경제적인 부분의 변화를 가져온다.

자(自)자는 원래 코의 모양을 본 뜬 상형자로서 코를 나타내는 글자였다. 당시 사람들은 코를 가리켜 자기를 나타내므로 '스스로'란 뜻이 생기게 되었으며, 자기(自己)의 뜻으로 쓰이게 된 것이다. 코 비(鼻)란 한자에는 자(自)와 재물 복을 상징하는 전(田) 자가 함께 있다.

얼마 전, 상담하는 과정에서 코가 주요 이슈로 등장했다. 상담 의뢰자의 코가 약간 굽어 있고 매부리코의 형태를 띠고 있었다. 과거의 사진과 비교하여 살펴보니, 코의 형태가 변화된 것이 확실했다. 일단 코에 이상이 생기면 원인 규명을 해야 한다.

코의 변형은 첫째, 사고나 다친 경우인데, 운동을 하다가 다치거나 부딪혀서 코가 손상된 경우이다. 둘째, 비염, 천식, 축농증 등 질병이 원인인 경우이다.

의뢰자는 오랫동안 비염과 축농증을 앓고 있었다. 코에 염증이 생기고 코가 막히자 코를 자주 풀거나 비비고 문지르게 되었다고 한다. 이러한 습관과 비염으로 코의 형태가 바뀐 경우였다. 이때는 무조건 코를 성형한다고 해결되는 것은 아니다. 설사 성형이 성공했다고 하더라도, 비염으로 다시 코의 변형이 올 수 있기 때문이다.

얼굴의 비포(Before)와 에프터(After)를 비교해 보라. 코의 형태가 바뀌었으면 인상도 바뀐다. 이는 운명에도 중대한 영향을 미치게 된다. 코미디언 고(故) 이주일도 처음부터 못생긴 얼굴은 아니었다. 고교시절 축구선수로 활동했는데, 나쳐서 그만 코가 주서앉았다고 한다. 코를 나쳐서 얼굴이 달라졌기 때문인지, 이후 축구선수에서 연예인이라는 전혀 다른 운명의 길을 걷게 된다. 연예인 당시의 사진과 국회의원 시절의 사진은 전혀 다른 인상이다. 헤어스타일, 수염, 안경 등으로 변화만 주어도 이미지는 달라 보인다. 특히 콧대가 낮은 경우 안경 착용만으로 코의 단점은 많이 보완된다.

감기, 폐렴, 독감 등은 모두 호흡기 계통 질병이다. 감기에 걸리면 일시적으로 숨쉬기가 불편해지고, 병이 나을 때까지 운의 흐름이 나빠지게 된다. 중요한 결정이나 투자는 '사소한 감기'가 낫고 난 뒤로 잠시 판단을 보류하는 것이 좋다. 이것이 미래예측학으로 관상을 잘 활용하는 지혜로운 대처 방안이다.

관상에서 말하는 '좋은 궁합'이란

한자로 '사람 인(人)'은 두 사람이 서로 의지하는 형상이다. 사람은 사회적인 동물이고 홀로 독립적으로 살아가는 것이 아니라 둘이서 기대어 함께 사는 것이다. 결혼 상대자의 성격과 적합성을 미리 예측하여 백년해로의 가능 여부를 살펴보는 것이 궁합이다. 생년월일시(生年月日時)의 출생 데이터로 살펴보는 궁합도 있지만, 관상으로 맞춰보는 궁합법도 있다.

배우자, 동업자, 직장 상사와 부하직원의 궁합으로 인덕(人德) 여부를 판가름하는 기준이 되기도 한다. 누구와 어떤 인연을 맺게 되느냐에 따라서 인생의 전환점이 될 수도 있다. 인연은 만들어지기도 하지만, 스스로 만들어 가기도 한다. 자신과 어울리는 단짝을 고르는 기준은 어떤 것이 있을까.

첫 번째 궁합, 성격과 인생을 살아가는 가치관이 비슷해야 좋은 궁합이다. 예를 들어 A 씨는 작은 것에 만족하는 실속 위주의 실용주의자다. 동업자인 B 씨는 대범한 편으로 일단 외형을 확장하는 투자형 스타일이다. 이때 두 사람은 가치관과 성격이 맞지 않는다. 운이 좋으면 몇 년간 상대에게 맞추어 보지만, 상황이 힘들어지면 결국 갈라서게 된다.

'돈이면 다 된다'는 가치관을 가진 사람과 '의리와 도덕을 강조'하는 사람이 함께 하기는 쉽지 않다. 우정과 애정으로 상대를 이해하려고 노력하지만 결국 지치고 만다. 자신은 달을 가리키고 있는데 상대방은 자신의 손가락만 쳐다보는 형상이다.

관상학적으로 이마는 형이상(形而上)적 정신 분야와 명예지향의 사고관을 의미한다. 따라서 이마가 넓은 사람은 명예욕이 높고 체면을 중시하는 사람이다. 턱은 형이하(形而下)적 물질 지향의 가치관을 나타낸다. 이마가 좁다는 것은 상대적으로 턱이 넓어지므로 명예보다 현실을 중시하는 세속적인 타입의 사람이라는 뜻이다.

궁합으로 맞추자면 이마가 넓은 사람과 이마가 좁은 사람과의 동업이나 결혼은 생각이나 성격의 차이가 나게 되므로 좋은 궁합이 아니다.

두 번째 궁합, 서로의 단점을 보완하는 사람이 필요하다.

감정적이고 욱 하는 스타일은 차분하고 이성적인 사람과 함께 하면 조화와 균형이 맞는다. 둘 다 감정적, 직설적이고 성격이 급하다면 부딪히는 일이 많아진다. 재물 복이 약한 사람이라면 배우자의 재복(財福)을 살펴서 보완 가능한지 체크해야 한다.

관상학적으로 눈이 큰 사람은 착하고 감정이 풍부하다. 만약 눈이 밖으로 돌출되어 나오면 성격이 급하고 직설적이다. 반대로 눈이 가늘고 작은 사람은 이성적, 논리적이며 감정이 무디어 냉정해 보이기도 하다.

감정적이 된다는 것은 동정심, 애정, 분노 등의 감정에 몰입되기 쉽다는 뜻이다. 눈이 큰 사람은 한 눈에 사랑에 빠지게 되고 결혼하게 된다. 사이가 좋을 때는 낭만적이고 사랑스런 감정이 풍부해진다. 반면 사이가 틀어져서 싸우게 되면 불같이 분노하고 감정이 격해지게 된다. 서로에게 상처를 주며 감정이 상하여 감정적이게 된다.

코가 크면 자존심이 강하여 남에게 무시당하는 것을 매우 싫어하는데, 두 사람 모두 코가 크다면 자존심 대결로 번질 가능성도 크다. 따라서 관상궁합에서는 코가 큰 사람은 코 작은 사람과 맞춰주고, 눈이 큰 사람은 눈이 작은 사람과 궁합이 잘 맞다.

이 세상에 단점 없는 사람이 어디 있으랴. 단점이 많다는 것은 그만큼 장점도 많다는 뜻일 것이다. 빛이 밝은 만큼 그림자는 짙어지게 마련이다. 서로의 모자란 부분을 보완하는 것이 궁합의 제2 법칙이다.

마지막으로 인연 궁합론이다.

인간의 힘으로 어쩌지 못하는 경우를 우리는 '인연'이라고 표현한다. 부부지간에 오누이로 착각할 정도로 이미지가 비슷하고 이목구비가 유사하다면 두 사람은 하늘이 점지해준 인연으로 맺어지게 된다. 이미지가 닮거나 목소리가 유사하다면 비슷한 성격을 가진 사람들이다. 추론해 보면 그들에겐 무언가 비슷한 공통점이 있을 것이다. 닮은 사람들은 천생연분으로 맺어진 사이이므로 대체로 잘 산다.

얼마 전 더불어민주당에 입당한 사람들 중에 P범죄과학연구소장이 있다. M대표의 인재영입 1호로 대표되는 인물이다. M과 P의 관상궁합을 살펴보자.

먼저 두 사람의 관상에서 인생관과 사회를 바라보는 관점의 유사성을 관찰해 보자. 이마가 넓은 사람은 명예지향의 형이상적 가치관 부분에서 일치점을 보인다. 둘 다 이마의 상하 길이와 좌우 폭이 넓은 편으로, 정치인으로 포부가 크고 명예를 소중히 여기는 타입이다.

P소장의 눈빛은 단호하고 매서운 부분이 보이는데 이는 M대표에게도 발견되는 공통점이다. 눈빛이 매서운 사람들은 대체로 검경, 법조계나 의학 전공자이다. 이러한 눈빛을 가진 이들의 정치적인 노선은 사회개혁 성향이 강하다는 공통점을 갖고 있다. 한마디로 이념이나 가치관, 성향이 비슷하다는 말이다.

그렇다면 서로의 관상학적 보완은 이루어지고 있는지 살펴보자. 눈이 큰 M대표는 정의감이 투철하고 감정이 격해지면 눈물도 보이는 유형이다. 눈이 약간 나와서 할 말은 꼭 하는데다 진솔한 감정표현도 한다. M대표에 비하여 눈이 가늘고 작은 P소장은 이성적, 분석적이며 감정제어를 잘 하는 타입이다.

정치인에게 감정과 이성은 필수조건이다. 머리는 차갑고 가슴은 뜨거워야 참 정치인이다. 관상학적으로 두 사람은 서로의 장단점을 상호 보완할 수 있는 좋은 궁합이다. 비슷한 이미지이거나 닮아 보이는 인상은 전혀 아니다. 천생연분은 아니지만, '70% 이상의 이상적 궁합'으로 보인다.

머리가 커야 '우두(牛頭)머리'감

영어 'Economy'는 경제나 경영활동 전반을 뜻하는 말로, 생산·소비·투자·고용·금융 등의 모든 경영활동을 의미한다. 일반적으로 '경제'로 통용되며, 현대인들이 가장 자주 쓰는 단어이기도 하다.

경제의 한자어 '經濟'는 본래 '경세제민(經世濟民)'의 준말이다. '세상을 다스리고 백성을 구제한다'는 뜻을 담고 있다. 단순히 재화(財貨)적 활동, 즉 돈과 관련한 것만을 의미하는 것이 아니라, 정치·경제의 의미를 함께 갖고 있다. 세상을 다스리는 정치와 백성을 구제하는 경제는 분리될 수 없다는 뜻이다.

정치·경제를 통솔하는 사람을 고대에는 '우두머리'라고 불렀다. '우두(牛頭)'는 '소머리'라는 뜻이다. 또는 '위두(爲頭)머리'라는 '으뜸가다'는 뜻이 그 어원이라고 한다. 머리의 낮춤말이 '대가리'이다. 한마디로 소머리처럼 대가리가 큰 사람이 '우두머리'라는 말이다.

동양신화에서 소머리를 가진 사람은 농업과 의약의 신인 '염제신농(炎帝神農)'씨가 등장한다. 신농은 고대 중국을 다스린 부족장으로 소머리에 인간의 형상을 하고 있다고 전해진다. 호미와 농기구를 발명하여 사람들에게 농사를 가르쳐 줘 '농사의 신', 즉 신농(神農)이란 이름으로 불리게 되었다. 소머리를 한 신농씨 덕분에 떠돌아다니는 유목민들이 한곳에 정착해 씨를 뿌리고 수확을 하는 농경문화를 이루게 되었다.

〈고대 중국 농사의 신 '염제신농'〉

동서양에서 농경문화의 발달은 모두 소를 통해서 이뤄졌다. 쟁기를 끄는 소의 강력한 힘은 곡물생산의 비약적인 증대를 가져왔다. 이에 힘입어 인구가 늘어났으며 문명이 발달하고 물물거래와 시장이 형성되었다. 농작물을 수확하여 시장과 상업이 발전하게 되었으니, 최초의 '경제'문화를 이루어낸 이를 우두(牛頭)머리를 가진 신농씨로 보아도 될 것 같다.

고대문명에서 황소와 암소 숭배사상은 다산(多産)과 풍요와 비옥함을 위한 절대적이고 신비한 힘을 상징했다. 소를 숭배한 이러한 농경민족의 정서는 인도, 지중해 크레타섬, 중동지역 등에서 소머리 모양, 황소뿔 투구를 쓰고 있는 모습 등으로 신격화되고 있음을 발견할 수 있다. 대한민국 축구의 트레이드 마크격인 붉은 악마를 상징하는 '치우천황(蚩尤天皇)'도 머리가 도깨비 뿔 모양이다. 모두 머리통이 큰 모습을 형상화한 것이 특징이다.

우두머리는 두상(頭相)이 큰 사람이다. 머리통이 클 경우 대체적으로 면상은 넓어지고 얼굴은 크게 보이기 마련이다. 관상학에서 두상이 크면 리더십이 뛰어나고, 자기주장이 강하며 남 밑에 있기보다는 단체를 지배하고 통솔하려는 수장(首長)의 상이라고 본다.

여성이 머리통이 크면 집안의 우두머리가 된다. 그래서 얼굴이 넓고 살이 넉넉한 관상을 맏며느리감이라고 일컫는다. 집안을 일으켜 세우는 잔다르크형 관상은 소머리형 관상이다. 가족 구성원 중에서 부모의 머리 사이즈는 보통인데, 유독 아이의 머리가 크다면 그 아이가 집안의 대들보가 된다. 이와 반대로 머리가 작은 사람은 기획 능력은 뛰어나지만, 리더십이 부족하여 조직의 수장으로 적합하지 않다.

최근 '소두증(小頭症)' 바이러스의 전염이 우려된다는 소식이 들려온다. 소두증은 머리가 지나치게 작은 병으로 뇌 발육에 문제가 발생하고, 정신박약 등의 문제가 발생할 수 있다고 한다. 의학적으로 머리가 지나치게 작은 경우는 질병으로 의심해 봐야 한다. 지나친 것은 항상 모자람만 못하게 되는 법(過猶不及)이다.

조직의 지도자로서 능력 평가는 머리통 사이즈부터 살펴볼 일이다. 여성의 두상을 관찰할 때는 남녀의 두상을 비교하는 것은 아니다. 남성에 비하여 여성의 체구와 두상이 작은 편임을 감안해야 한다. 보통 여성의 두상에 비하여 평균 이상의 머리통 사이즈를 갖고 있다면 머리통이 크다고 보면 된다.

단체의 대표나 수장은 갸름하고 왜소한 얼굴보다 '밭 전(田)'자형의 얼굴이 더 잘 어울린다. 한 조직에 얼굴이 큰 사람이 둘이라면 용호상박(龍虎相搏)의 형국이다. 우두머리가 둘인 셈이니, 대표자리를 놓고 서로 한판 승부수를 벌이게 될 것이다. 얼마 전에 분당한 문재인 대표와 안철수 대표는 두상이 큰 소머리상이다. 박근혜 대통령의 얼굴 역시 갸름하거나 왜소해 보이는 이미지는 전혀 아니다.

얼굴이 작으면 미남미녀형이라고 부른다. 실제로 연예인의 얼굴을 보면, 손바닥만 한 얼굴형을 가진 사람이 많다. 오너(Owner)로 독립하여 조직을 이끌기보다는 조직에 소속되어 있는 것이 바람직한 타입의 관상이다. 반대로 연예인이라도 얼굴이 크면 엔터테인먼트나 연예기획사의 대표로 성장하기도 한다.

가수 박진영은 가수로 활동하여 성공했지만, 이에 만족하지 않고 JYP 엔터테인먼트사를 설립하고 수많은 가수를 키워내는 역량을 발휘했다.

박진영의 관상도 우두머리격의 관상이다.

  조직이나 단체의 사장이 머리통이 작다면 부하직원의 보필, 또는 회장이나 최종 결정자의 지원으로 통솔력을 보완해야 한다. 갸름한 얼굴형을 가진 오너라면 동업이나 공동대표 등을 적극 활용하는 방법을 모색해야 한다.

  돈을 많이 버는 증시 상승세를 '황소'로 상징한다고 한다. 소머리상이 좋은 관상임에 틀림없는 사실이다. 작고 갸름한 얼굴형보다 우두머리의 얼굴이 인기를 누릴수록 경제는 좋아진다. 누군가의 우두머리가 될 것인가. 우두머리의 아랫사람이 될 것인지 자신의 얼굴에서 그 해답을 찾기를 바란다. 참고로 몸무게에 따라 얼굴은 변하는 법이니 음지가 양지 될 날도 올 수 있다.

헨리 8세와 토마스 모어

16세기 영국의 헨리 8세(재위기간 1509~547)는 역사적으로 유명한 스캔들을 뿌린 영국 튜더 왕조의 임금이다. 왕비의 시녀였던 앤 불린(Ann Boleyn)과 금기(禁忌)의 사랑에 빠져 그녀와 결혼하기 위해 로마교황청과 유럽 전체를 적으로 돌려버리는 정치 모험도 마다하지 않았다.

당시 영국의 국교였던 카톨릭이 캐서린 왕비와 이혼을 법으로 금지하자, 헨리 8세는 국교를 카톨릭에서 영국성공회로 바꾸고 당시 강대국이었던 스페인의 공주 출신인 캐서린 왕비를 헌 신발짝처럼 차버린다. 자칫하면 유럽 전체가 전쟁의 도화선이 될 수 있는 전대미문의 스캔들이었다. 정치적 이유로 많은 신하들이 반대했지만, 왕의 고집을 꺾을 수 없었다. 결국 교황청은 헨리 8세를 파문했다.

그러나 바람둥이 헨리 8세의 사랑은 불과 '천 일(1,000일)' 만에 끝나 버린다. 사랑했던 앤 불린이 왕위를 이을 아들을 낳지 못하고 공주를 낳자

실망한 왕은 사랑도 식어버린다. 결국 앤을 간통죄로 누명 씌워 유명한 런던탑에 가두고 그것도 모자라 끝내 참수형에 처한다. 근친상간이라는 누명을 쓰고, 딸과 함께 추방 명령을 거부한 왕비 앤 불린은 형장의 이슬로 사라진다. 앤은 왕비의 신분으로 죽임을 당했지만, 이 같은 왕비 신분을 유지한 덕분에 그녀의 딸은 왕궁에 남아 왕위에 오르고, 훗날 영국 역사상 가장 위대한 군주로 추앙받는다. 바로 엘리자베스 1세 여왕이었다.

세기의 스캔들로 알려진 헨리 8세의 이러한 이야기는 영화나 드라마, 오페라로 각색되어 〈천일의 스캔들〉, 〈튜디스〉 같은 제목으로 대중에게 많이 알려졌다.

도대체 어떻게 생긴 인물이기에 6명의 왕비를 두고, 결혼과 이혼을 반복하는 여성 편력을 보였을까. '인물 심리와 정확한 사실주의적 묘사에 능하다는 역사상 가장 위대한 초상화가'로 평가받는 한스 홀바인이 그린 헨리 8세의 초상화를 바탕으로, 일부 포토샵 처리를 감안해 관상학적으로 살펴보자.

헨리 8세의 체구는 매우 살이 찐 모습이다. 젊을 시절에 낙마하여 다리가 불편하고, 식성이 좋아 살집이 매우 많은 편으로 말년에는 움직이기 힘들 정도로 체중이 많이 나갔다고 한다.

오동통한 모습을 넘어서 보기 불편할 정도로 살이 많이 찌면 관상의 측면에서 살기(殺氣)가 많아져서 잔인하고 포악해진다. 때로는 저돌적이고 밀어붙이는 진취적인 기상도 있지만, 대체로 부정적인 해석을 낳는다. 살이 찌면 곰저넘 보여 온순하고 후덕하고 단순해 보이지만 오히려 그 반대로 해석한다.

〈헨리 8세와 토마스 모어, 출처: 위키백과〉

살 그 자체가 수기(水氣). 습기(濕氣)를 상징하는데 수기가 적당하면 지혜롭고 후덕하지만, 지나치게 많아지면 머리가 비상하고 계산적이다. 행동은 굼떠 보이지만, 마음먹으면 속전속결의 패도(覇道)적인 면도 보인다. 지나치게 비대한 사람을 곰과 비교해도 된다. 곰은 우둔해 보이지만, 매우 영리한 짐승으로 지능지수가 높은 동물인 반면, 성질은 포악해 위험한 육식동물이다.

절대군주의 초상화는 미화하기 마련이니, 우리가 보는 헨리 8세의 초상화보다 좀 더 살 찐 모습일 가능성이 높을 것이다. 얼굴에 살이 많다 보니 상대적으로 입과 귀가 더 작아 보이고, 코는 바르지 않고 약간 굽어서 울퉁불퉁해 보이는 콧날이다.

콧날이 바르지 않으면 심성이 바르지 않고 변덕이 심해서 믿을 수 없는 사람이다. 귀는 소리를 듣는 기능을 나타내는데, 정보·소식 등을 상징한다. 귀가 작은 사람은 들어오는 정보나 전해지는 소문 등이 작고 편중되어 있는 경우가 많아서 판단력에 착오를 일으킬 수 있다. 한마디로 스스로 듣고 싶어 하는 조언만 듣게 된다. 오너(Owner)나 수장(首長)은 모름지기 귀가 커야, 정보력이 넓고 좋아서 제대로 된 판단을 가능케 한다.

입이 작은 사람은 소심하고 잘 삐치는 '꽁하는' 스타일이다. 살이 많아서 덕성스러워 보이지만, 실제로 내면을 들여다보면 소심하고 불편한 이야기는 마음에 담아두며, 정치적인 계산을 하지만 정보나 판단력에 문제가 있는 신뢰할 수 없는 사람이란 얘기다. 이런 타입은 친구든 적이든 멀리도, 가까이도 하지 말아야 한다.

한때 헨리 8세의 절대적인 동지이자 신하였던 토마스 모어(Thomas More, 1477~1535)의 초상화를 살펴보자. 역시 동시대의 홀바인의 작품이다. 〈유토피아〉의 작가로 대중에게 널리 알려진 토마스 모어는 영국의 대법관에 임명되었으나 왕의 이혼에 동의하지 않아서 관직에서 물러났다. 끝내 자신의 주장을 굽히지 않아 왕의 미움을 사서 반역죄로 처형당했으니 '천일의 스캔들'의 희생양이 돼버린 셈이다.

토마스 모어는 눈이 부리부리하며 코가 매우 크고 우뚝하다. 턱이 다부지고 강인해 보인다. 코가 큰 사람은 자존심이 강하고 능력이 있는 사람으로 고집스러운 면이 있다.

헨리 8세와 토마스 모어의 입을 비교해 보면 상대적으로 모어가 더 스케일이 크고 대범한 편이다. 관상학적으로 말년은 인중부터 턱까지 하관을 살펴서 판단한다. 모어의 초상화로 그의 말년 운을 짐작해 보라.

어두운 기운은 말년 복을 떨어뜨린다. 수염이 많이 나는 체질이라면 최소한 두 번은 면도하라. 인중과 턱의 기운이 밝아지게 될 것이다. 복이 없다면 노력으로 만들면 된다. 진인사대천명(盡人事待天命)은 적극적인 행동 지침이자 노력을 상징하는 대표적인 사자성어가 아닌가. 초상화를 그릴 때 포토샵 처리를 하겠지만, 그래도 최소한 인물의 형태와 이목구비와 이미지는 남아있는 법이다. 동시대를 살았던 헨리 8세와 토마스 모어의 초상화는 동일한 화가가 그린 동시대의 작품이다.

헨리 8세의 초상화는 지금 이 시대 누군가와 비슷해 보이는 이미지이다. 비대하게 살찐 얼굴에서 포악하고 잔인한 숙청과 공포의 분위기를 느껴보라. 한때 사랑했던 가족과 신하의 처형까지 서슴지 않는 헨리 8세의 말년이 어떠했을지 오버랩의 상상력을 발휘해 보기 바란다. 더불어 비운의 왕비, 앤 불린의 초상화를 보면서 그녀의 말년 복과 자식운을 예언할 수 있다면, 당신의 '관상 도사' 자질도 충분해 보인다.

〈앤 불린, 출처: 위키백과〉

헨리 8세와 토마스 모어   87

취업·선거에서 이기는 관상 코디법

 봄은 바람의 계절이다. 주역에서 손위풍(巽爲風)은 바람을 상징하고, 나무인 목(木)을 뜻한다. 오행(五行)에서 목(木)은 봄, 화(火)는 여름, 금(金)은 가을, 수(水)는 겨울을 나타낸다.
 새싹이 파릇파릇 돋아나고 겨울잠에서 깨어난 개구리가 팔딱거리는 계절이 봄이다. 날씨는 따스하고 살랑이는 봄바람에 코끝이 간지럽다. 바람나기 좋은 계절이 돌아왔다. 마음이 들떠서 집 밖을 나가고, 마침내 일을 저지르고야 만다. 늦바람만 무서운 것이 아니라 봄바람이 더 무섭다. 탈당과 공천, 취업시즌의 칼바람이 몰아닥치고 있다.
 올해 봄철인 3월과 4월은 면접과 선거가 몰려있는 시기다. 취업하기는 낙타가 바늘로 들어가기보다 더 어려운 것이 작금의 현실이다. 정치인들은 공천과 선거로 바람 잘 날이 없다. 시인 T.S. 엘리엇은 "4월은 잔인한 달"이라고 노래했다. "차라리 겨울에 우리는 따뜻했다. 마른 구근으로 가

냘픈 생명을 유지했으니, 다시 움트고 살아나야 하는 4월"은 그래서 잔인하다. 버거운 생존의 세계에서 치열한 경쟁을 해야 하는 봄이 다시 돌아온 것이다.

삶이 우리에게 주어진 과제라면, 죽지 않고 살아남아야 한다. 물에 젖은 낙엽이 될지언정 쓸려 내려가지 않고 무조건 붙어야 한다. 소신껏 당당히 붙을 수 있는 사람도 있겠지만, 그렇지 않다면 관상이라도 바꿔서 합격도장을 받아야 한다.

떨어질 관상을 '붙는 관상'으로 만드는 비법은 없을까. 풍수가 안 좋으면 '비보풍수'(裨補風水, 지형이나 산세가 풍수적으로 부족하면 이를 보완하는 법)를 사용한다. 산을 높이고, 없는 물길을 만들어서 명당(明堂)으로 만든다. 관상 역시 '비보관상법'(裨補觀相法)을 쓰면 된다. 일종의 관상코디법이다.

관상학에서 합격 도장을 받는 곳이 인당(印堂)이다. 출세의 도장, 합격의 도장을 뜻하는 부위인데, 이곳이 반질반질하고 빛이 나면 합격하는 관상이다. 눈썹과 눈썹 사이, 바로 미간이 합격도장을 찍어주는 장소이다.

관상학에서 눈썹과 미간이 취업과 선거에서 합격의 당락을 결정하는 곳이다. 우선 이곳은 밝고 환해야 한다. 미간이 움푹 꺼지거나 흉터가 있거나 어두운 기운이 보이면 안 된다. 미간에 점이 있으면 어두워 보이고, 눈썹 털이 생기면 지저분해 보인다. 인상을 쓰면 미간이 찌푸려지는데, 마치 도장을 찍는 부위가 구겨지면 직인이 잘 찍히지 않는 이치와 같다. 도장을 찍는 장소는 평평하고 넓고 환해야 잘 찍힌다. 미간은 넓고 밝은 기운이 돌아야 한다.

요가에서도 양 눈썹 사이를 '아즈나 챠크라'라고 부르며, 직관이 열리는

〈석굴암본존불, 출처:문화재청〉

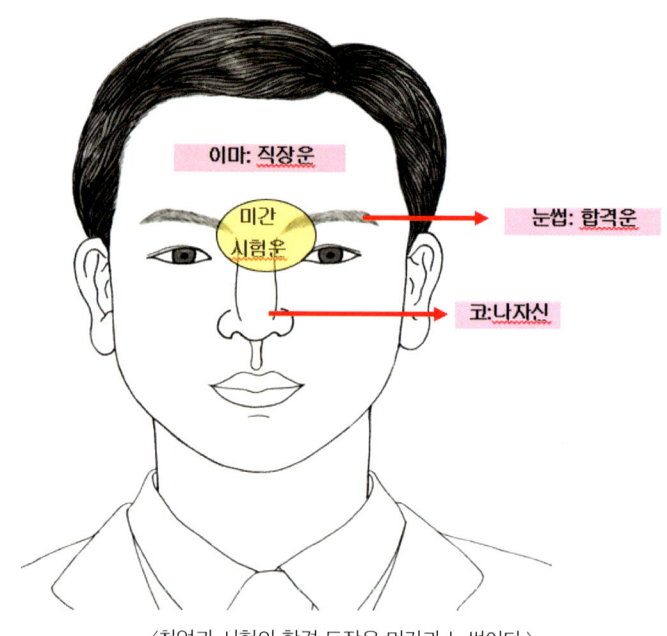

〈취업과 시험의 합격 도장은 미간과 눈썹이다.〉

'제3의 눈'이라고 한다. 도(道)를 통할 수 있는 부위가 인당혈(印堂穴) 자리인 미간(眉間)이다. 관상학에서는 미간을 명궁(命宮)이라고 부르는데 운명과 수명을 살피는 장소가 되기도 한다. 죽느냐 사느냐! 붙을지 떨어질 지를 판단하는 운명의 바로미터가 바로 미간인 셈이다.

석가모니 부처의 미간을 자세히 살펴보면 밝고 빛나 보인다. 이를 '미간백호'(眉間白毫)라고 부르는데, 양쪽 눈썹 사이에 난 흰 터럭에서 빛이 나와 온 세상을 비춘다고 한다. 그래서 불상을 제작할 때 미간을 도드라지게 만들거나 보석을 끼워 넣기도 한다.

허균의 한글소설 〈홍길동전〉에는 주인공 홍길동의 상이 미간에 산천정기가 영롱하여 필히 왕이나 제후가 될 관상이라는 얘기가 등장한다. 미간이 빛나면 무조건 길한 관상이다.

미간이 약간 튀어나오듯 솟아있어야 태양빛을 받으면 빛나 보인다. 또 눈썹의 형태가 가지런해야 한다. 미간과 눈썹이 잘 생겼으면 일단은 합격 안정권으로 볼 수 있다. 그러나 합격에도 고려해야 할 사안이 있다. 경쟁자와 자신의 관상을 비교하여 누가 더 좋은지를 판단해야 한다. 둘이 나란히 공천심사에 올랐는데 경쟁자의 미간과 눈썹이 자신보다 더 밝고 환하면, 자신이 떨어질 수도 있다.

머리카락에 빗질을 하면 두피 자극도 되고 모발이 건강해진다. 정성 들여 열심히 빗질만 해도 윤기가 흐르는 머릿결을 만들 수 있다. 눈썹도 그러하다. 윤택하고 밝은 기운이 흐르는 눈썹이라면 당선이 가능하다. 비록 미간에 약간의 주름이 생겼다고 할지라도 눈썹털이 빼어나면 합격할 수 있다. 눈썹털이 진하고 형태가 가지런하다면 미간의 주름을 커버할 수 있다. 눈썹 털이 약하거나 숱이 없다면 화장으로 커버하는 방법도 좋다. 눈썹털이 튀어나오고 들쭉날쭉하다면 가위질로 고르게 정리해 줘야 한다. 미간이 빛나 보이는, 광택 나는 화장법도 관상 코디법으로 추천할 수 있다.

자연으로 비유하자면, 우리 몸에서 생겨 나오는 모든 털은 초목이다. 화초의 가지가 너무 뻗쳐있거나 제멋대로 자라면 보기 좋게 다듬어 주지 않겠는가. 잔디 깎듯이 눈썹 털도 가지런히 정리해 줘야 한다.

자기관리는 스스로에 대한 예우이며, 남에 대한 배려이다. 좋은 이미지와 인상이 취업 면접에서 높은 점수를 받듯이, 자기 관리가 필요하다. 마음의 외재화(外在化) 과정은 곧 자기관리 과정이다. 허름할지라도 의복을 단정히 챙겨 입고, 예쁜 얼굴이 아니어도 항상 깨끗하고, 몸매가 빼어나지 않아도 행동거지가 바르다면 자기관리가 잘 되고 있는 사람이다. 자기 절제, 자기 관리는 곧 예(禮)의 실천이다. 못생겼으면 관상 코디법을 통한 자기관리가 더욱 필요하다.

취업면접에서 합격하고 싶은가! 미간과 눈썹을 관리하라. 공천과 선거에서 당선 도장을 받고 싶은가! 미간과 눈썹이 포인트다.

관상불여심상(觀相不如心相)이란 말이 있다. 관상보다 마음이 더 중요하다는 표현인데, 마음을 알기는 어렵다. 마음은 눈빛과 행위, 언어에서 표출된다. 관상학에서 눈빛을 신기(神氣), 행위를 행상(行相), 언어를 언상(言相)으로 분류한다. 마음 판별법은 곧 외형을 통해서 판단되며, 관상 판별법 중 하나다. 관상은 얼굴의 눈, 코, 입, 귀만 보는 것이 아니다. 마음 관리가 곧 이미지 관리이다. 밝은 미소는 반드시 복을 불러오는 법이다.

달마 관상법

〈달마가 동쪽으로 간 까닭은?〉, 〈달마야 놀자〉의 주인공은 소림권법과 관상학의 대가이자 중국 선종의 창시자인 달마대사이다. 달마 초상만 지니고 있어도 귀신을 쫓고 수맥을 차단하며, 액운을 쫓고 복을 불러들인다고 하니, 신통방통의 대가인 셈이다.

반들반들한 대머리에 툭 불거져 나온 왕방울만 한 두 눈, 휘날리는 짙은 눈썹, 주먹코, 더부룩한 턱수염이 마치 산적 캐릭터다.

달마도에 등장하는 우락부락한 모습과 달리 달마대사는 잘생긴 인도의 미남 왕자였다. 남인도 향지국의 셋째 왕자로 승려가 되어 선에 통달했으며, 이름은 보리달마(Bodhi dharma)이다. 어느 날 달마가 육신을 잠시 비워두고 유체이탈을 했다. 그때 길을 가던 못생긴 신선이 잘생긴 달마대사의 육신을 발견하고는 달마대사의 몸속에 들어가서, 도망치듯 달아나 버리고 말았다. 다시 돌아온 달마대사는 자신의 몸이 없어져 버렸기 때문에 할 수 없이 도둑놈의 육신을 빌려서 일생을 보낼 수밖에 없었다. 이후 평생 험상궂게 일그러진 얼굴로 살게 되었다고 한다.

불법을 전파하기 위해 양자강을 건너 소림사로 왔는데, 그때 갈대 잎을 타고 양자강을 건너는 신통력을 보이고 동쪽의 소림사에서 9년간 면벽좌선을 하고 깨우침을 얻었다고 한다. 불교를 포교하기 위한 방편으로 관상법을 연구하여 제자에게 전한 것이 〈달마조사상결비전(達磨祖師相訣秘

〈김명국, '달마도', 17세기, 종이에 수묵, 83×57㎝ 국립중앙박물관 소장〉

傳)〉이다. 그 후 중국의 남북조 시대에는 달마상법이 불교를 중심으로 하여 발전했다고 한다. 무술에도 일가견이 있어 소림 무학의 원조이며 소림 권법의 창시자가 달마라고 전해진다. 무서운 얼굴 덕분인지 달마도가 귀신을 쫓고 복을 불러들인다고 하니, 달마의 신통력은 오늘날에도 남다른 바가 있어 보인다.

당시 인도인이었던 달마대사의 생김새가 중국인에게 이상하게 보였을 것이다. 달마의 얼굴을 그리면서 서역인의 특징인 부리부리한 눈과 큰 코를 부각시켜 표현했을 것으로 짐작된다.

관상학에서 눈은 마음을 나타내며 순수한 정신과 영혼을 의미한다. 한 마디로 눈은 마음의 창이다. 눈이 크면 마음이 착하고 순수하다. 특히 눈동자가 튀어나오면 열린 마음의 소유자이다. 비밀을 감추지 못하고 솔직한 편이다. 열정적인 순수 개방형 스타일로서 남에게 이용당하거나 손해 볼 여지도 있다. 도(道)를 전하거나 포교를 해야 하는 입장이라면, 깨달은 모든 불법(佛法)을 아낌없이 내어주는 관상이고, 성격도 다혈질에 정열적이다. 반대로 눈이 안으로 깊이 들어간 옴팍한 형태라면 비밀이 많고 자신의 속마음을 잘 드러내지 않는다.

코가 주먹처럼 크고 살집이 두둑하면 재물 복이 좋으며 자존심이 강하고 제왕과 같은 능력자이다. 코는 얼굴의 대들보와 같은 곳인데 콧날이 굵고 크면 관직(官職)과 명예가 높다. 콧대의 기세가 이마까지 뻗어있으면 나라의 동량(棟梁)으로 출세하는 상이다. 달마의 코를 자세히 관찰하면 콧날이 이마까지 높게 솟아 있으며 폭이 넓고 사이즈가 매우 크다. 이러한 코의 관상이라면 선종의 1대 조사로서 그 권위와 명성을 짐작할 수 있을 것이다.

달마의 콧등과 미간 사이에 굵은 주름이 유독 눈에 띄는데, 주름 때문에 콧등에 구김이 생겨 보인다. 눈과 눈 사이, 콧등에 선명한 가로주름이 있으면 건강이 좋지 않거나 죽을 고비를 넘기게 된다. 이러한 관상을 유추해보면 달마의 건강은 죽음 직전까지 갔을 것으로 보여 진다. 9년간 동굴에서 벽만 보고 좌선을 했다고 하니, 건강상의 이유라도 소림무술로 몸을 단련하거나 기공 체조로 몸을 보호하는 운동법을 익혔으리라 짐작되는 바이다.

눈썹 끝이 팔자(八字) 형태로 처지는 경우를 팔자미(八字眉)라고 하는데, 이는 도사형 눈썹이다. 세속을 떠나서 산에서 고요히 도를 닦는 수도자나 예술가에게 흔히 볼 수 있으며 종교적, 전원생활형, 예술형, 철학자에게 나타나는 눈썹 스타일이다.

달마는 수행 도중에 자꾸 졸음이 와서 눈꺼풀이 눈을 덮게 되자, 수행에 방해가 된다며 자신의 눈꺼풀을 잘라내 버렸다고 한다. 달마가 눈을 부라리며 치켜뜨는 것 같아 보이지만, 사실은 눈꺼풀이 없어서 눈을 감을 수 없었다고 전해진다.

용맹정진의 모습을 보여주는 고사이지만 다혈질적이고 열정적인 그의 관상이라면 충분히 그럴 수 있다. 관상학에서 달마와 같은 눈을 삼백안(三白眼), 또는 하삼백안(下三白眼)이라고 부른다. 눈동자가 위로 치켜 올라가서 흰자위가 아래쪽에 보이는 눈을 말하는데, 흰자위가 양옆과 아래쪽의 3면(三白)에 보이게 된다. 이러한 눈은 성질이 격하고, 목적을 위해서라면 물불을 가리지 않는 냉혹한 사람이거나 살기(殺氣)를 가진다. 깨달음을 위해서라면 자기희생도 불사할 위인이다.

관상에서 눈꺼풀은 전택궁(田宅宮)으로 가정 및 집을 살피는 곳인데, 눈꺼풀을 없애버렸으니 집을 버리고 수도에 전념하기 좋은 상이다. 한마디로 달마대사의 관상은 도 닦기 좋은 성불(成佛)의 상으로 해석할 수 있다.

관상은 어떻게 생겼느냐가 아니라 어떤 용도에 맞게 쓰임을 얻었느냐가 더 중요하다. 삼백안의 살기(殺氣)를 흉한 일로 사용할 것인지, 살신성인(殺身成仁)으로 상으로 쓸 것인지 생각해볼 일이다. 저마다의 능력을 최대한 발휘할 수 있는 관상 경영법도 인사관리의 한 분야로 쓰임을 얻게 되기를 기대해 본다.

재물 복이 모이는 장소를 관리하라

우리 얼굴에서 재물 복을 살펴보는 곳은 물이 고이는 자리이다. 풍수지리에서 장풍득수(藏風得水)라는 말이 있는데, 장풍을 얻는 곳은 명예가 높고 물을 얻는 득수(得水)의 땅은 부자가 된다고 했다. 관상 역시 풍수와 이론이 동일하다. 얼굴에서 물이 모여드는 곳이 곧 재물 복의 부위이다.

물은 대체로 항아리나 독처럼 옴팍하게 들어간, 구멍처럼 생긴 곳에 모인다. 우리 얼굴에서 요(凹)자와 같은 오목하게 들어간 부위가 물이 고이는 장소이다. 눈, 코, 입, 귀 구멍을 비롯해 배꼽, 요도, 항문 등의 부위이다.

이들 부위 중에서 가장 사이즈가 큰 곳이 입이다. 그래서 관상학에서 입을 수성(水星), 또는 대해(大海)라고 부른다. 입은 벌렸을 때 주먹이 들어갈 정도면 매우 부귀한 관상으로 본다.

단순히 입만 크다고 금전 운이 좋은 것은 아니다. 입이 큰 경우는 대범하고 스케일이 큰 편이다. 돈을 벌 때는 왕창 벌지만, 씀씀이도 커서 나갈 때는 썰물처럼 돈이 나간다. 하마처럼 큰 입은 들어오는 재물도 많지만, 그만큼 소비나 지출이 따른다.

정말 부귀한 입은 벌렸을 때 매우 크지만, 다물면 작아 보여야 한다. 겉보기에 입이 작아 보여도 입안이 넓은 경우에는 들어오는 수입의 규모가 매우 크다. 또 입을 다물었을 때 작아 보이기에 들어온 돈이 나가지 않는다.

풍수에서 '택대문소(宅大門小)'라는 말이 있다. 집은 큰데 대문이 작은 집이 복 있는 집이라는 뜻이다. 밖에서 보면 문은 작은데, 집안에 들어서면 넓은 공간이 있는 경우가 부잣집이고 내실이 있는 집이다. 대문이 크고 겉이 화려할수록 실속이 없는 경우가 많다.

입을 대문으로, 입 안을 집안으로 보면 된다. 겉보기에 대문은 작지만 실제 입안이 큰 경우가 부자의 상이다. 입이 벌어지거나 단정하지 못한 모습도 좋은 관상이 아니다. 대문이 열려 있는 형상으로 돈이 줄줄 새는 형국이다. 단순히 입만 크고 헤벌레 벌어지는 입은 탄력을 잃은 모양새이다.

입 안을 살펴보면 혓바닥이 있는데, 좋은 혀의 상은 일단 크기가 크고 선홍색일수록 좋다. 고서에서 말하길 혓바닥을 내밀어서 자신의 코에 닿으면 부귀한 관상이라고 한다. 그냥 보면 입이 작아 보이지만 실제로 주먹이 들어갈 정도이고, 코에 닿는 혓바닥을 가진 이가 몇이나 될 것인가. 이러한 상이라면 부귀영화를 누리는 관상일 것이다.

움직임이 활발한 혓바닥은 양(陽)으로서 안(內)에 있고, 혓바닥에 비해 움직이지 않는 입은 음(陰)으로서 밖(外)에 있으니 입이야말로 완벽한 음양의 하모니가 아닌가.

입은 물이 모이는 곳이고, 물(水)은 음기를 상징한다. 음기(陰氣)는 양기

(陽氣)로 보완해야 한다. 그래서 양을 상징하는 붉은 불(火)의 색이 입술에 있게 된다. 실제로 우리 얼굴에서 선명한 붉은 색을 볼 수 있는 곳이 바로 입이다. 모세혈관이 많이 모여 있기에 입술은 붉기 마련이다. 입술 색이 붉지 않으면 차가운 음기가 많아져서 물이 얼어붙게 된다. 얼어서 흐르지 않는 물은 쓸 수 없는 물이다.

재물은 물과 같아서 흐르지 않으면 썩게 된다. 온도가 높아야 모든 분자가 활발하게 운동을 할 수 있다. 불의 기운인 붉은 색이 선명할수록 잘 흘러가는 생수(生水)이다. 입술색이 푸르다면 건강이나 금전 운의 흐름이 좋지 않다는 신호이다. 이때 입술에 색을 칠해 붉게 만들거나 윤기를 준다면 재물운이 호전될 수 있다.

2차 세계대전 당시 아우슈비츠 수용소에서 더 이상 일할 수 없는 사람은 모두 가스실로 끌려갔다. 살아남기 위해서는 아직 쓸 만한 노동력이 있는 척 해야 하루를 더 연명할 수 있었다. 그래서 굶주림과 빈혈 상태를 감추기 위해서 손가락을 깨물어서 피를 내어 볼과 입술을 붉게 칠했다고 한다. 혈색이 좋고 건강한 사람처럼 보이기 위해서였다.

혈색이 좋고, 생기 있다는 말은 좋은 기가 흐르는 건강한 얼굴이다. 건강하다는 것은 경제활동을 할 수 있고 돈을 벌 수 있다는 뜻이다. 단순호치(丹脣皓齒)는 붉은 입술과 새하얀 치아를 뜻하는 미인의 대명사이다. 앵두 같은 입술을 가진 사람은 금전 복이 좋은 부귀한 미인의 상이다.

콧구멍 사이즈는 10원짜리 동전이 들어갈지 500원짜리 동전이 들어갈지를 살펴보면 재물 복을 짐작할 수 있다. 지푸라기를 띄울 정도인지, 술잔이 뜰 만한 물의 양인지를 살펴야 한다. 얕은 물에는 큰 배를 띄울 수가 없는 법이다.

귓구멍에 손가락을 넣었을 때 몇 마디까지 들어갈 수 있는지를 살펴보라. 물을 얼마나 많이 담을 수 있는 구멍인지 체크해 보면 금전 운을 짐작할 수 있다.

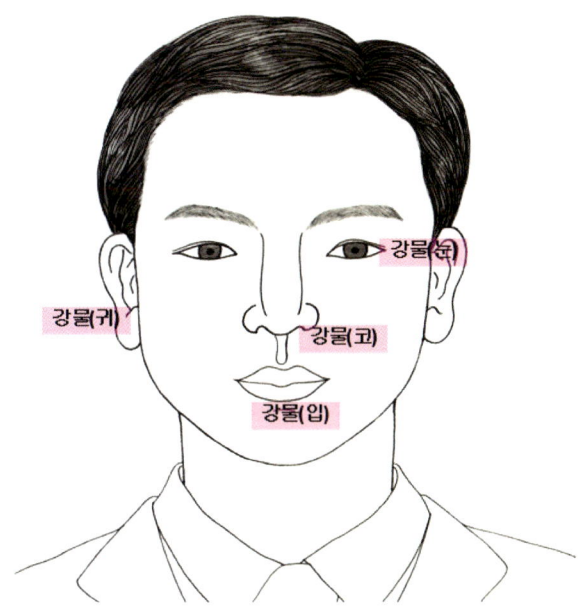

〈얼굴 4곳의 강물(四瀆), 눈, 코, 입, 귀는 재물 복이 모이는 장소〉

배꼽은 오목하게 깊을수록 좋을 상이다. 반대로 참외 배꼽처럼 볼록한 배꼽이라면 물을 담을 수 없다. 볼록한 배꼽은 금전 운이 약한 관상으로 친다. 배꼽은 탯줄이 떨어지면서 만들어지는 부분이라서 인위적으로 더 깊게 오목하게 만들 수 있다면 매우 좋을 것이다.

우리 얼굴에 구멍처럼 오목하게 들어간 곳은 모두 재물 복을 뜻하는 장소이다.

오목하게 파여 있는 부위로 보조개를 들 수 있다. '볼우물'로도 부르는데 볼에 팬 '우물'이란 뜻이다. 우리 얼굴의 깊게 패인 우물터가 바로 보조개다. 우물은 깊을수록 물의 양이 많다. 보조개가 예쁘고 깊을수록 금전 운이 좋은 상이다.

물은 쓸 수 있는 깨끗한 물이 좋다. 지저분한 입, 콧물이 줄줄 새는 콧구멍, 귀지가 많은 귓구멍에는 좋은 물이 담길 수 없다. 입에서 나는 불쾌한 입 냄새는 수질이 엉망이다.

금전 운을 상승시키려면 수질 관리가 먼저다. 눈, 코, 입, 귀, 배꼽도 작고 보조개도 없다면, 얼굴의 땀구멍이라도 깨끗하게 관리하라. 그리하면 작은 재물 복이라도 쌓이게 된다. 땀구멍도 물이 모이는 곳이다. 피지가 있어서 막혀 있다면 돈이 모이지 않는다. 작은 금전 운이 잘 안 돌아간다.

인상과 이미지는 자기 관리이다. 그중에서 재물 복을 좋게 만들기 위해서는 무엇보다 물이 모이는 곳을 깨끗하게 쓸고 닦고 뚫어 주어야 한다.

대머리와 객주 집 칼도마의 관상

조선시대 판소리나 속담 등에서는 관상과 관련된 기록이나 외형적인 모습을 묘사한 대목들이 매우 많다. 당시 민간에서 속담으로 전해져 내려올 정도로 관상학적 지식은 사회 문화적인 콘셉트로 자리 잡았다.

속담은 민족이 생긴 이래, 입에서 입으로 전해 내려온 것으로써 당시 사람들의 생활 경험, 풍속, 종교, 가치관 등이 반영되어 있다. 이러한 점에서 그 민족을 알려면 속담을 알아야 한다. 속담은 문자 그대로 속된 말이다. 오랜 경험과 지혜를 반영하고 있어서 일반 대중의 문화와 역사가 축적된 지혜와 경험담이다. 조선시대 유행하던 속담을 자세히 분석해 보면, 당시의 관상학적 상식을 살펴볼 수 있다.

'사주에 없는 관을 쓰면 이마가 벗어진다'는 속담은 분수에 넘치는 일을 하면 도리어 해(害)가 되어 대머리가 된다는 말을 빗댄 말이다. '공것 바라면 이마가 벗어진다'는 공짜를 좋아하면 머리가 벗겨진다는 뜻이다. 관상학과 관련된 속담 가운데 특히 머리카락과 수염에 관한 내용이 많이 보이는데, 대체로 대머리는 좋지 않은 관상으로 설명하고 있다.

의학서 〈황제내경〉에서는 모발의 변화과정을 다음과 같이 설명하고 있다. "남자는 8살이 되면 신장의 기운이 튼튼해져서 머리털이 잘 자라며 유치가 빠지고 치아를 갈게 된다. 40살 이후부터 신기(腎氣, 정력)가 쇠약해져서 머리털이 빠지고, 이빨이 약해진다. 48살이 되면 양기가 위에서부터 쇠약해져서 얼굴이 초췌해지고 수염과 머리털이 흰색으로 바뀌기 시작한다. 56살이 되면 간 기능과 신장의 기운이 쇠약해져서 정액이 줄어들고 몸도 쇠약해진다. 64살이 되면 이빨과 머리털이 빠지고 노쇠해진다."

한의학에서 탈모가 된다는 것은 신(腎)이 허(虛)해지고 혈액 순환이 원활하지 않다는 뜻이다. 관상학의 고서 역시 한의학과 보는 시각이 동일하다. 사람의 혈액 및 체액은 강물에 비유되며, 모발은 초목과 나무에 비유한다. 한의학에서는 체내에서 순환하던 혈(血)이 부족하면, 머리카락을 만들어 낼 수 없다고 본다. 모발은 혈의 생리작용과 밀접한 관계가 있다. 혈(血)은 혈액뿐만 아니라 각종 호르몬, 정액 등 우리 몸의 물 기운(水氣)을 포함한다.

아리스토텔레스(Aristoteles)는 모발이란 뇌에서 나와, 겉으로 드러난 '초과분의 뇌 성분'이라고 생각했다. 탈모가 진행된다는 것은 뇌기능이 떨어지는 사람이다. 모발이 풍부하고 아름다우면 두뇌가 총명하다고 생각했다. 동서양 관상학이나 의학적 시각에서도 탈모는 좋지 않은 관상으로 판단한다.

'집안이 망하려면 맏며느리가 수염이 난다'는 속담이 있다. 집안의 운수가 나쁘면 괴상한 일이 생기는데, 우선 맏며느리 관상이 나빠진다. 이상하게 여자도 남자처럼 수염이 생기는 것이다.

수염은 남성다움의 상징이고, 남성호르몬과 밀접한 관련이 있다. 남성호르몬 중 하나인 테스토스테론이 낮아지면 수염은 없어지며, 테스토스테론이 증가하면 여성에게도 수염이 생긴다. 남성에게 수염이 없어진다는 것은 남성다움이 없어지게 되므로 여성적이고, 내성적인 부드러운 남자처럼 변화하게 된다. 반대로 여성에게 수염이 난다는 것은 여성의 남성화가 진행된다는 뜻이다. 여성이 남성처럼 억세고 외향적이며, 때로는 남성처럼 사회 활동이 가능하다는 의미로 해석될 수 있다.

조선시대에 여성이 남성 역할을 한다는 것은, 집안의 가장인 남자가 부실하거나 능력이 약해졌다는 반증이 된다. 따라서 수염 난 여성은 집안의 가장이 되어 남성적인 역할을 하게 된다는 뜻이다. 결국 가장이 죽거나 망할 징조이므로 집안이 망할 징조로 여겨졌다.

실제로 여자가 수염이 나면 관상학적으로 남상(男相)을 지닌 여자의 관상으로 보아서 배우자 관계가 나쁘다고 추론한다. 남자의 상이 나이가 들어 머리카락이 빠지면, 남성의 여성화가 진행된다. 집안일을 거들어 주거나 나이 들어 기죽는 남자로 변한다는 말이다. 기죽기 싫으면, 발모제라도 열심히 발라야 한다.

'곱슬머리와 옥니박이와는 말도 말랬다' 곱슬머리와 옥니박이는 고집 세고 인색하다는 속잠이다. 흑인들은 대체로 곱슬머리인데, 곱슬머리가 심할 경우는 고집이 세고, 기질이 강하다. 옥니박이는 관상적으로 운기가 다운되는 경향이 있다.

이밖에 얼굴과 피부의 상을 통하여, 길흉(吉凶)을 추론하는 속담도 있다. 예를 들면 '객주 집 칼도마 같은 상'처럼 생긴 얼굴이다. 객주집의 도마는 쉴 틈 없이 칼질을 하다 보니 도마가 울퉁불퉁하게 된다. 이러한 얼굴형은 이마와 턱이 튀어나오고 코가 들어가는 등 면상의 요철(凹凸)이 많은 얼굴이다. 이는 관상학적으로 이마, 코, 턱인 부위가 균등하지 못하여 흉하게 된다. 식당의 칼질을 많이 하는 도마는 표면이 거칠고 모양이 엉망이다. 이를 얼굴로 상상해 보라. 얼마나 면상의 피부와 형태 변형이 심할 것인가.

반대로 '살결이 희면 열 허물 가린다' 피부가 좋으면 열 가지의 단점이 있어도 예쁘게 봐준다는 말이다. '씻어놓은 흰 죽사발 같다'는 얼굴이 희고, 깨끗하다. 이런 사람들은 복이 많은 관상으로 취급한다. '고양이 낙태한 상' 같은 얼굴, '쥐었다 놓은 개떡' 같이 생긴 얼굴, '외아들 잡아먹은 할미상', '소도적놈 같이 생긴' 못생긴 얼굴은 마음이라도 예뻐야 한다.

'사람의 얼굴은 열두 번 변 한다'는 속담처럼 일생 동안 사람의 관상도 많이 바뀌는 모양이다. 약간의 체중 변화만으로 이미지가 바뀌고, 그에 따라 성격과 가치관도 바뀌니 변덕스러운 것이 인간의 본성인가 보다. 속담은 사회의 문화, 언어, 풍습이 고스란히 담겨있어 당시의 생활상을 유추하기에 적절하다. '똥 주워 먹은 곰 상판대기'에 '돼지 멱 따는 소리'를 하는 사람이라면 상종을 말라는 것이 조선시대의 관상 판단법이다.

어린아이의 관상 코디법

어린이들은 국가의 미래이자 희망이다. 요즘같이 인구가 줄어드는 상황이라면 우수한 인재로서 아이들을 잘 길러야 한다. 러스턴(Rushton)의 진화생물학 이론에 따르면 생물이 자손을 남길 때 R과 K의 두 가지 전략이 있다는 가설을 제시하고 있다. R 전략은 되도록 자식을 많이 낳는 방법이고 K 전략은 자식을 적게 낳더라도 적응력을 갖출 수 있게 양육하는 방법이다. 수천 개의 알을 낳고는 전혀 돌보지 않는 물고기는 R 전략가이고, 자식을 적게 낳아서 부모와 함께 살면서 자식을 양육하는 인간은 K 전략가형인 셈이다. 특히 출생률이 낮은 우리나라 입장에서는 무조건 훌륭한 아이들을 키워서, 일당백(一當百)의 전략을 구사해야 한다.

조선시대에는 아이가 태어나면 관상을 살펴서 미래를 예측했다. 〈동의보감〉, 〈증보산림경제〉, 언문으로 쓰인 〈규합총서〉 등에도 아동의 관상법이 실려 있다. 중국의 관상 고서에도 아이의 관상 보는 방법이 자세히 나와 있어서 흥미롭다.

먼저 갓 태어난 신생아의 관상을 살피는 법이다. 태어난 지 3일 동안은 아이의 기(氣)가 미약하기 때문에 다른 부위는 살피지 않고 단지 울음소리로 관상을 판별한다.

우선 방에 아이를 혼자 둔다. 그리고 아이가 깨어서 우는 소리를 가만히 귀 기울여 들어본다. 젖 달라고 보채는 아이의 울음소리가 4~5회 반복하여 계속 우렁차게 들리면 장차 크게 되고 부귀(富貴)할 아이의 상이다. 반대로 우는 소리가 끊기거나 크게 한 번 울고 소리가 점점 작아지면 건강이 좋지 않고 부실한 아이로 짐작한다.

모발에 윤기가 흐르고 숱이 많고, 눈썹이 뚜렷하면 복록이 많은 아이의 상이다. 반대로 머리카락 숱이 적은 아이는 허약체질이다. 아이를 키울 때 모발이 튼튼하고 잘 자라게 하기 위해서 예전 어머니들은 어린아이의 머리를 한 번씩 밀어서 까까머리로 만드는 경우가 있었다. 관상 차원에서 보자면, 이러한 풍습은 상당히 지혜로운 것으로 보인다.

〈동의보감〉에 눈썹은 간(肝)에 속하기 때문에 눈썹이 예쁘게 생겨야 간 기능이 좋다고 한다. 눈썹은 관상학에서 보수관(保壽官)으로 부르며, 수명을 보호하는 장소로 살핀다. 미간이 좁거나 눈썹이 너무 옅은 경우는 아이가 잘 자라지 못한다.

어린아이의 머리를 만져보아서 두피(頭皮)가 두꺼우면 좋은 관상이다. 실제 의학에서 머리를 둘러싼 피부는 두개골을 보호하기 위해 두꺼운 것이 좋다고 한다. 특히 신생아는 대천문(大泉門)과 소천문(小泉門)이라고 불리는 정수리의 뼈가 완전히 결합되지 않고 열려 있어서, 두개골의 보호 면에서 더욱 취약하다. 신생아는 두개골이 아직 닫히지 않아 누르면 위험하다. 소천문은 대부분 생후 6~8주에 닫히고, 대천문은 14~24개월 정도에 닫힌다. 따라서 두피가 두꺼울수록 뇌가 잘 보호받는다.

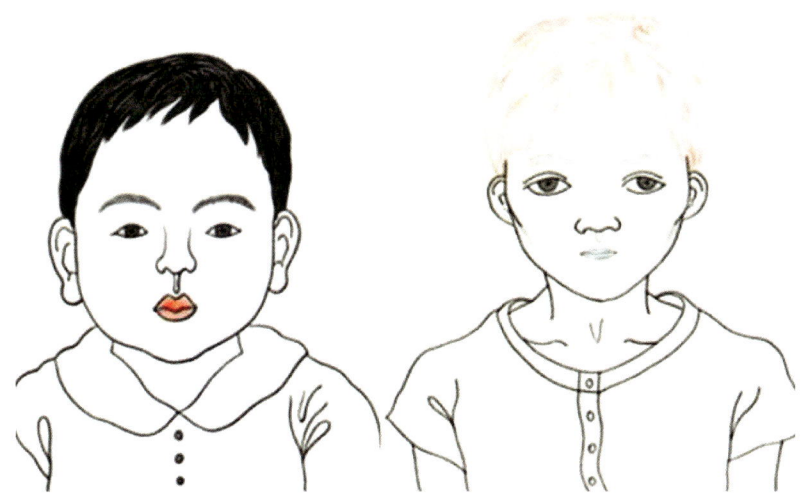
〈좋은 아이의 관상과 허약한 아이의 관상, 출처: 조선시대 관상학 연구〉

　코로 숨을 쉬면 건강하게 잘 자라는 아이이며 입으로 숨을 쉬면 그 반대이다. 오늘날로 치면 비염 때문에 코가 자주 막히는 아이는 허약체질이다. 모발의 색이 검지 않고 흐릿한 황색이거나, 눈썹이 없고 치아가 너무 빨리 나와도 건강하지 못한 상이다. 치아가 출생 후 5~6개월쯤에 나오면 좋지 않고, 한 돌 이내에 나오면 건강하고, 한 돌이 지나서 나오면 크게 귀하게 될 관상이라고 보았다.
　아이의 관상이 좋지 않으면 부모에게 좋지 않은 영향을 주어서 가세가 기울거나, 집에 재복이 줄어들어 초년에 경제적 혜택이 부족하거나 결손 가정에서 성장한다고 해석한다. 조선시대에는 좋지 않은 관상을 가진 아이가 태어났을 경우, 부모와 떨어져서 길러지면 액땜이 된다고 믿었다. 실제로 이러한 액땜식 대안이 민간에 나타나는 사례는 많이 발견된다. 아이를 절에 팔거나 바위에 파는 풍속 등이 그것이다. 또는 돌에 이름을 새겨서 바위를 부모로 모시는 민간의 속설 등도 보인다.

모발이 이마를 가리거나 이마에 잔머리털이 많거나 미간이 좁은 경우, 코에 이상이 있는 경우는 좋지 않다. 모발이 이마로 내려온 아이라면 머리카락을 이마 위로 넘기는 헤어스타일로 관상학적 코디가 가능하다. 이러한 헤어스타일은 이마를 드러내어 이마 면적이 넓어 보인다. 관상학적으로 이마는 초년에 해당되며, 부모·가문·출세·명예를 상징하는 부위이다. 따라서 아이의 이마 면적이 넓으면 초년에 복록이 많은 아이로 볼 수 있다. 잔머리털이 많이 생기거나 미간이 좁다면, 이마의 잔털을 없애고 헤어라인을 정리하며 눈썹을 다듬어서 좁은 미간을 넓혀주면 된다. 특히 아동의 모발을 황색으로 염색해주면 성장이 더디거나 부모의 말을 안 듣게 된다.

아이 양육 문제로 고민이 많은 부모라면 관상 좋은 아이로 코디해보라. 혹시 아이의 상이 좋지 않더라도 남의 손에서 길러질 경우 액을 면할 수 있다는 대안이 있다. 현대에선 맞벌이 부부의 증가로 인해 대다수의 아동이 놀이방·어린이집·유치원·조부모의 손에서 자란다. 오늘날 많은 아동이 남의 손에서 양육되고 있는 실정이다. 현대 사회는 사회 구조적인 시스템으로 남의 손에서 양육되는 대안과 해결책이 이미 마련되어 있는 셈이다.

대선 주자 이미지 관상 코디법

"인간은 40세가 지나면 자신의 얼굴에 책임을 져야 한다." 아브라함 링컨의 유명한 말이다. 링컨은 190cm의 장신이었고, 마른 체형에 잘생긴 얼굴은 아니었다. 한 야당의원이 '두 얼굴을 가진 이중인격자'라고 비판하자, 링컨은 '내가 두 얼굴을 가졌다면 하필 이런 못난 얼굴을 들고 나왔겠느냐'며 유머러스하게 받아쳤다.

링컨이 구레나룻과 턱수염을 기르게 된 계기는 한 소녀의 충고 때문이었다.

미국의 선거전이 뜨겁게 달아올라 있을 무렵, 링컨은 한 소녀의 편지를 받는다. '링컨의 마른 얼굴이 촌스러워 보이니 턱수염을 기르면 더 부드러워 보일 것 같다'는 내용이었다. 그 후 링컨은 이 소녀의 충고대로 죽을 때까지 수염을 기르기 시작했고, 그 다음 재선에 성공했다. 그 유명한 링컨의 구레나룻이 탄생하게 된 배경에는 얼굴의 이미지를 변화시켜 좋게 만

〈링컨, 위키백과〉

드는 일종의 '관상 코디법'이 깔려 있었다.

이미지컨설팅이나 퍼스널브랜드 분야에서 관상학과 융합하여 개인의 이미지를 변화시킨다면 더 효율성을 높일 수 있을 것이다. 취업이나 면접에 합격하는 얼굴, 남편을 출세시키는 여성의 얼굴, 학습 능률을 향상시키는 얼굴 등으로 이미지 코디가 가능하다.

체형·목소리·헤어스타일·색상·이목구비(耳目口鼻)를 관상학적으로 활용하여, 표정과 인상을 변화시킬 수 있다. 대통령의 관상, 부자의 얼굴, 학자형의 느낌 등과 같은 유사한 이미지를 만들어 낸다면 자신의 직업 분야에서도 신뢰도과 호감도를 높일 수 있다.

영업직과 외근직의 얼굴은 광대뼈가 발달되고, 적당한 근육이 붙은 스마트한 이미지가 좋다. 반면 사무직이나 내근직은 갸름한 계란형의 얼굴형에 넓은 이마가 잘 어울린다. 중간 관리자급 이상의 고위직은 얼굴이 크고 넉넉한 전(田)자형의 얼굴형이면 리더십이 좋은 관상이다. 이러한 이미지는 포용력이 좋아 부하직원들이 잘 따르고, 윗사람과 아랫사람의 의사소통이 좋아서 업무수행 능력이 높아진다.

노타이에 셔츠의 윗단추를 풀고 소매만 걷어 올려도 이미지는 확 달라진다. 셔츠를 열면 목이 보이므로, 관상학적으로 목이 긴 체형으로 분석한다. 반팔 셔츠에 비해 긴팔 셔츠는 팔이 길어 보이는 체상(體相)이다. 이때 팔 길이가 짧아 보이는 관상은 업무적으로 일을 하기에 적합하고, 중간 관리자일 경우에 활용해야 하는 관상 코디법이다. 대선주자가 이런 이미지라면 중산층과 서민에게 '열심히 일하는 대통령'으로 보인다. 그러나 이런 이미지로 경쟁 관계인 상대 후보와 나란히 사진이 실린다면, 이때 짧은 셔츠는 불리한 관상 코디법이다.

관상학에서 어깨에서 팔꿈치까지를 임금(군, 君)으로, 팔꿈치에서 손목까지를 신하(신, 臣)으로 보아, 어깨에서 팔꿈치가 길어 보이는 것을 더 좋게 해석한다. 군(君)이 짧고 신(臣)이 길면 수고로움이 많게 되므로 현대식으로 해석하면 일복(福)을 타고난 팔자다. 긴 셔츠는 어깨에서 팔꿈치인 군(君)이 더 길어보여서 팔이 길어 보이는 효과가 있다. 조선시대에 양반은 대체로 소매를 길게 입고, 일하는 농부들은 팔을 걷어 올렸음을 상상해보라.

메이크업으로 작은 입을 크게 만들고, 귀가 잘 생겼다면 귀를 드러내는 방법으로 자신의 장점은 살리고 단점은 보완하는 관상 코디법이 필요하다.

'금수저'와 '금전두엽'의 관상

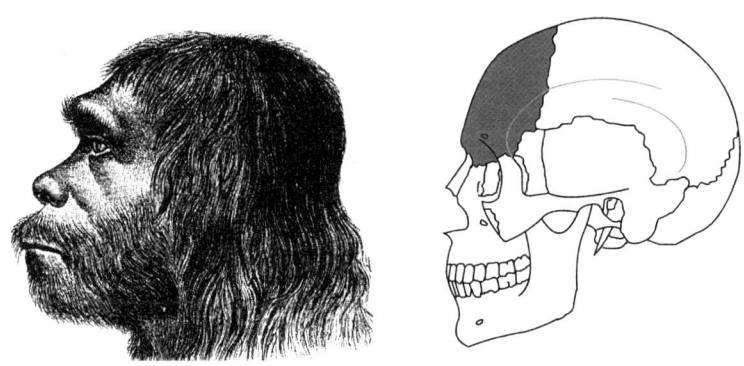

〈네안데르탈인 복원스케치와 현대 인간의 전두골, 출처: 위키백과〉

인간과 동물을 구분하는 기준은 여러 가지가 있다. 유인원, 네안데르탈인에서 호모 사피엔스에 이르기까지 인간의 진화 과정을 살펴보면 안면의 구조 차이를 알 수 있는데, 그중에 유독 이마의 형태가 달라지고 있다.

진화할수록 이마가 도톰하게 튀어나오고, 반듯해진다는 사실이다. 진화론에서 보자면 인간은 다른 포유류에 비해 신체 대비 더 큰 뇌를 가지고 있기에 지구상에서 가장 지능적인 종으로 변화되었다.

그중에서 이마 쪽에 위치한 전두엽은 생각하고 계획하고 판단하고 감정을 억제할 줄 아는 고차원적 뇌 기능을 하는 곳이다. 동물과 달리 '이성적 판단'을 할 수 있는 곳이 전두엽이다. 전두엽은 둥글게 튀어나와 있는데 얼굴의 이마 형태와 유사하게 생겼다. 이마 쪽에 위치해 있기 때문에 전두엽을 '이마엽'으로 부르기도 한다. 해부하지 않고 가시적으로 뇌를 확인할 수 있는 곳은 바로 이마 부위이다. 전두엽이 클수록 사고력과 판단력, 감정 억제 능력이 우수하다고 한다.

관상학에서 이마를 관록궁(官祿宮)이라고 하는데 총명함과 신분상승, 명예, 출세, 가문과 부모를 살피는 장소이다. 이마가 도톰하고 흉터나 점이 없이 반듯하게 잘생겼으면 관록운(官祿運)이 좋아서 높은 지위까지 승진이 가능하다. 현대식으로 추론하면 이마가 잘나야 출세가 보장되며, '금수저' 출신이라는 말이다.

출신 가문의 부귀함과 우수한 두뇌, 지위와 출세 등은 이마를 보고 1차적 판단을 한다. 이마가 넓고 반듯할수록 전두엽이 발달되었는지 알 수 없지만, 관상학은 이마와 전두엽이 일정한 상관관계가 있다고 추론하고 있다. 이마의 상이 좋으면 '금전두엽'을 가진 관상이고, '금수저'로 타고 났다는 이론적 해석이 가능하다.

이마는 모발과 눈썹 사이에 위치해 있다. 출세와 승진을 하려면 이마 면적을 넓히는 것이 유리하다. 이마에 머리털이 나서 헤어라인이 반듯하지 않으면 한미(寒微)한 출신 가문이거나, 유복하지 않다고 본다. 이마가 좁은데 경제적으로 풍족하게 성장했다면 부모와 떨어져 살거나 애정 결핍, 부모와의 불편함이 있다고 해석한다.

얼마 전 공무원 시험을 앞둔 청년을 본 적이 있다. 이마가 좁고 정중앙의 헤어라인이 화살표 모양으로 모발이 내려와 있었다. 사춘기 시절 부모의 이혼을 경험했고, 이후 부친과 왕래하지 않은 지 오래 되었다. 아픈 과거는 트라우마로 남기 마련이다. 취직과 시험을 위해서 이마의 헤어라인을 정리하고 헤어스타일을 바꾸어 보기로 했다.

여기서 한 가지 의문이 들 것이다. 좁게 타고난 이마를 넓게 만든다면 관상이 바뀔 것인가? 인상이 변하면 과거의 운명이 바뀌게 되는가의 문제이다. 이마의 상이 바뀐다고 부모님의 이혼을 되돌리거나, 초년의 아픈 과거사가 없어지겠는가.

가끔 영화나 드라마가 인생의 정곡을 짚어서 말해줄 때가 있다. '과거의 사건은 수정 보완이 되지 않지만, 마음은 수정 보완이 된다.' 이 말은 불교의 '일체유심조(一切唯心造)'와 통하는 바가 있다. 희노애락(喜怒哀樂)의 가치판단은 모두 마음에서 비롯되는 것이다. 일체의 주관적 의식작용이 만들어내는 아픔은 마음먹기에 따라 '이해와 용서'로 수정 보완할 수 있다.

이마의 상이 좋아지면 이미지도 변화한다. 관상이 바뀌면 마음도 변하고 기억도 달라진다. 부모님의 따뜻한 사랑, 놀이동산의 추억, 행복했던 어린 시절이 생각나고 아픈 기억들이 점차 엷어진다. 부모님의 이혼은 바뀔 수 없는 사실이지만, 그것을 인식하는 마음이 긍정적으로 바뀐다. 기억이 수정 보완되는 것이다. 전두엽의 활성도가 높아지면 늦머리가 트인다. 사고력과 인지능력이 강화되고 판단력과 이성이 발달한다. 당연히 취직과 시험운도 좋아질 것이다.

'수저 계급론'이 인터넷에서 회자되기 시작한 이후로 요즘은 이러한 가설이 정설로 굳어지는 분위기이다. 관상학에서 이마의 상은 '금전두엽'과 밀접한 관련이 있어서 이마와 뇌 용량은 비례한다고 본다. '흙수저'로 타고났다면 헤어스타일이라도 바꿔서 이마라도 훤하게 드러내 보라. 전두엽이라도 활성화될지도 모를 일이다. 가진 것이 없으면 두뇌가 좋거나, 긍정적인 마인드라도 필요하다. '수저 계급론'을 극복하는 대안은 '마음 계급론' 밖에 없다. 자기 비하가 아니라, 상황을 인정하고 마음이라도 상향 조정해야 한다.

'관상불여심상(觀相不如心相)'이라는 말이 있다. 최고의 관상은 바로 심상(心相)이다. 마음의 상이야말로 군건한 '금강석'의 가치가 있다. 재력이 아니라 흔들리지 않는 군건한 마음을 물려주는 것이 바로 '다이아몬드 수저' 출신이라고 말하는 세상이 오길 희망한다.

지구 온난화와
화형인(火形人), 화성인(火星人)의 관상

 연일 30도가 넘는 폭염에 열대야 현상이 이어진다. 일 년 중 무더위가 기승을 부리는 삼복(三伏)이다. 복날에 먹는 대표적인 음식이 삼계탕인데 열로서 열을 다스리는 이열치열(以熱治熱)의 보양식이다. 반려견으로 사람과 동급인 개를 제외하면 여름철 보신용으로 가장 만만한 것이 닭이다.
 옛 사람들은 날개 달린 조류(鳥類)는 남방(南方) 주작(朱雀)으로 불을 상징한다고 생각했다. 화(火)는 위로 타오르는 것이 염상(炎上)으로 위가 뾰족한 불꽃의 형태이고 붉은 색을 상징한다. 자연의 법칙은 뜨거운 기운은 위로 올라가고, 차가운 기운은 아래로 내려가기 마련이다. 풍수에서 불의 형상을 한 산을 화형(火形)산이라고 부르는데, 뾰족한 삼각형 봉우리를 가진 관악산이 불 기운을 가진 대표적인 산이다.
 요즘 같은 불볕더위에 열을 받으면 혈압은 올라가고 불쾌지수가 높아진다. 불이 타올라서 끌 수 없을 때는 차라리 맞불로서 불을 제압하는 것도 좋은 방법이다. 머리에 붉은 벼슬을 단 장닭의 홰치는 모습을 상상해 보라. 날개가 퇴화되어 푸드덕대는 수탉이야말로 양기 넘치는 보양식으로 제격이지 않은가.

의학서인 황제내경과 관상학에서는 사람을 오행형(五行形)으로 분류하고 있다. 나무처럼 생긴 목형(木形)은 얼굴이 길고, 불처럼 생긴 삼각형 얼굴은 화형(火形)이다. 흙을 상징하는 전(田)자형 얼굴형은 토형(土形)이고 금속처럼 각지고 네모나게 생기면 금형(金形), 물방울처럼 둥근 얼굴형을 수형(水形)으로 친다.

이 중에 화형인(火形人)은 안색이 붉은 얼굴형으로 어깨와 이마가 넓은 편이다. 성격은 밝고 명랑하여 매사 나서기 좋아하며 심장과 소장이 발달된 체질이다. 촛불처럼 뾰족하게 생긴 삼각형(△)이거나, 불이 타올라 확 퍼지는 역삼각형(▽)의 얼굴은 모두 화형으로 본다. 관상학에서 양화(陽火)한 뜨거운 기운은 위로 올라가서 이마에 있고, 차가운 수(水)기운은 밑으로 내려가 턱에 자리하게 된다. 위가 넓은 역삼각형 얼굴은 화(火)의 기운이 많은 타입이다.

화기(火氣)가 많아지면 수기(水氣)가 부족해서 탈모가 진행되고 이마는 더 넓어지고 턱은 상대적으로 더 작아 보인다. 대머리는 이마가 넓은 타입으로 양기가 과도하게 넘쳐서 오히려 심혈관 질환에 주의해야 한다. 넘치면 모자람만 못하는 법이다. 성격이 급하여 감정이 폭발하는 '버럭형'이 된다. 열 받으면 뜨거운 기운은 머리로 올라가고 맥박과 혈압은 상승하고 얼굴이 붉어진다. 스트레스와 화가 쌓이면 안압은 높아지고 눈동자는 튀어나오고 커진다.

〈목형, 화형, 토형의 관상〉

〈금형, 수형의 관상〉

　　미국 워싱턴대 앨런 콴(컴퓨터 유전체공학박사)과 예술가 리콜라이 램은 10만년 후 인간의 얼굴 변화를 공개했는데, 영락없는 외계인의 모습이고, 화형인(火形人)의 특징을 갖고 있다. 두뇌는 발달하여 인간의 뇌는 점점 더 커져서 이마 면적은 넓어지고 미래의 우주시대엔 빛을 더욱 효율적으로 흡수하기 위해 눈은 지금보다 더 커진다고 한다. 가공된 부드러운 음식 섭취는 치아 기능을 퇴화시켜서 턱은 더 작아질 것이다. 폭염이 계속되고 열기가 많아지면 지금보다 더 털 없는 인류로 변화할 가능성이 크다. 체모의 퇴화가 진행되어 머리카락은 사라질 것으로 예측한다.

관상학에서 화형인은 적극적, 공격형으로 머리가 좋아 고도의 정신영역을 개발하는 성향이 있다. 그래서 역삼각형의 얼굴형은 전사, 예술가, 종교인, 발명가형이다.

지구 온난화가 진행되고 매년 여름이 뜨거워진다면 인류는 화형인(火刑人)의 극단적인 형태로 얼굴이 바뀔지도 모를 일이다. 우주라는 거시적인 관점에서 보면 지구인과 화성인은 별에서 온 외계인일 뿐이다. 폭염이 계속된다면 지구별은 전쟁의 신인 마르스(Mars)의 기운을 불러들일 수 있

〈미래의 화형인의 얼굴〉

다. 열 받을수록 '돌아이'는 늘어난다. 공격적이고 폭력적인 화성(火星)의 기운을 이열치열(以熱治熱)로 극복해 보자. 삼계탕이 무리라면 열대야의 '치맥'은 어떠한가.

안젤리나 졸리의 관상

　세계 최고의 섹시스타 부부, 브래드 피트와 안젤리나 졸리 커플이 파경을 맞이했다. 친자녀와 입양아 3명을 포함한 6명의 자녀를 두었고 기부와 봉사활동으로 모범 가정의 이미지를 지켜나간 이들의 이혼 소식은 많은 아쉬움이 남는다. 졸리-피트 커플이 갈라서기로 작정한 이유는 여러 가지가 있겠지만 관상학적으로 그 원인을 분석해 보기로 하자.

　한때 헐리우드 최고의 섹시스타이자 건강미 넘쳤던 졸리는 현재 키 173㎝에 몸무게가 35kg이라고 한다. 최근에는 이혼 여파로 일주일 만에 몸무게가 3kg이 빠지고 앉아있기도 힘들 정도라니 거의 뼈에 가죽만 두르고 있는 수준이다. 2013년 유방절제 수술을 받은 뒤부터 몸무게가 급격히 줄어들었다고 한다. 최근 들어 유엔난민기구에서 봉사활동을 하면서 식이상애까지 겹쳐서 기형적인 깡마른 모습으로 변해갔다. 기아에 허덕이는 아이들과 난민들의 모습을 보면서 미안함과 죄책감으로 음식 섭

취를 거부했다고 하니 심각한 정도가 도를 넘은 상황이다. 미국 연예 주간지 〈내셔널 인콰이어러〉가 앙상한 쇄골과 팔목 뼈가 드러난 졸리의 최근 사진을 공개한 것이 지난 4월이다.

이 세상에서 변하지 않는 것이 있다면, 모든 것이 변한다는 사실이다. 사람의 인상 역시 그러하다. 이미지가 바뀌면 성격과 운명에 지대한 영향을 미친다고 보는 것이 관상학이다. 숫자 3은 동양학에서 천지인(天地人) 3재(三才)의 의미를 지니는데 3일, 3개월(대략 100일), 3년 내에 영향을 미친다고 본다. 더욱이 앙상한 뼈만 남은 졸리의 사진이 보도된 후, 3개월 뒤에 들려온 이혼 소식은 추론의 비약일지 모르지만 우연으로 보이지 않는다. 모든 일에는 징후, 징조가 있기 마련이고 이를 포착하여 미래를 예측하고 대비하는 것이 '지피지기 관상학'의 목적이 아닐까 싶다.

우리 몸에서 살이 너무 빠지면 상대적으로 뼈가 튀어나오게 되고, 뼈가 불거지면 살기(殺氣)가 많아지고 운명적으로 관재송사(官災訟事), 수술수 등이 발생한다. 뼈는 금속의 기운으로 오행인 금기(金氣), 즉 숙살지기(肅殺之氣)에 해당하기 때문이다.

관상학에서 뼈와 살집의 비율은 3대 2를 황금비율로 본다. 〈주역〉 설괘전(說卦傳)에서 하늘과 땅, 음양(陰陽)의 비율을 삼천양지(三天兩地)로 제시하고 있다. 이를 응용하면 강건한 양(陽)은 신체에서 골격에 해당하고, 부드러운 음(陰)은 살집을 뜻하므로 뼈와 살의 비율은 각각 30%와 20%에 해당하게 되는 것이다. 인체에서 뼈와 살의 비율만 보아도 생사(生死) 예측이 가능해진다.

중환자실에 죽음의 그림자를 감싸 안고 누워있는 환우들의 이미지를 떠올려 보면 쉽게 이해할 수 있다. 앙상한 몰골, 피부와 뼈가 상접한 모습은 곧 저승사자를 맞이할 모습으로 보인다. 이와 대조적으로 꽃다운 청춘의 살이 차오를 대로 차오른 통통한 살집과 싱그러운 피부를 떠올려 보라. 살은 오행으로 수(水)와 토(土)에 해당하며 운명학적으로 건강과 자식, 돈을 의미한다. 죽으면 몸 안에 있는 모든 물은 마르고 살집은 본래 그 자리, 흙으로 돌아간다. 사람은 흙에서 태어나서 다시 흙으로 돌아가는 법이다. 살을 잃는다는 것은 살아서 누리는 모든 것을 잃게 된다는 것이다.

너무 마른 몸매를 부러워 말라. 급격한 다이어트로 갈비뼈가 앙상하게 드러났다면 3개월, 3년 내에 필히 건강의 적신호가 올 수 있다. 그렇지 않으면 가장 아끼는 돈과 자식을 잃게 될 것이다. 건강한 섹시 미인은 적당한 뼈와 살집이 필수 조건이다. 볼륨 있는 몸매와 비쩍 마른 몸매를 구별할 줄 안다면 지피지기(知彼知己)의 절반은 알고 있는 셈이다.

최한기의 관리 임용법, 관상이 중요하다

조선시대 관리 선발은 과거제도와 천거제도로 이루어졌다. 현대식으로 풀이하자면 관직자가 되는 길은 공무원 시험이나 국가고시를 통하는 방법과 추천에 의한 특채제도가 있는 셈이다. 조선 후기에 이르러 뇌물이나 청탁, 문벌과 당파를 중심으로 천거에 의해 관리를 임용하여 국정농단의 폐해가 극에 이르렀다. 과거제도는 공정성을 잃어버려서 대리시험, 시험지 바꿔치기, 시험문제 유출 등이 성행했다. 또한 '귀신 방술에 깊이 감염되고 기이한 영매가 사람을 미혹하는' 등 이단방술이 유행했다. 조선 말기 시대상과 현재의 상황은 크게 달라진 바가 없는 것 같다. 부정입학, 친분과 청탁에 의한 인사제도, 뇌물, 국정농단 등의 언론보도를 접하면 백년 전 당시의 시국상황을 재연, 반복하는 느낌마저 든다.

조선후기 기철학자의 대가로 꼽히는 혜강 최한기는 당시의 정치폐단을 바로잡기 위해서 '사람을 제대로 알아보고 제대로 쓰는 능력'이 지도자가 갖추어야 할 최고 덕목이라고 보았다. 그는 제도의 개혁보다 그 제도를 운용할 '사람'을 중시했다. 공정성이 무너진 사회에서 제도의 공정한 운영은 불가능하다. 정책과 제도를 개혁해도 공정하게 운용할 공직자가 없으면 무용지물이 된다.

사람은 혼자서 삶을 영위(營爲)할 수 없고, 또 사람을 버리고서 세상을 경영하고 백성을 건질 수 없으며, 반드시 사람과 사람이 서로 교접(交接)하고 화협(和協)해야만 일을 이룰 수 있다. 소통과 공감이 동반될 때 일을 성사시킬 수 있으며 인사(人事)가 만사(萬事)라고 보았다.

그는 〈인정(仁政)〉에서 관리를 임용할 때 관상학을 활용한 '측인법(測人法)'을 제안하는데 당시로선 파격적인 관리 등용 지침서가 아닐 수 없다. 언론, 기색, 동작, 용모, 지식 등과 함께 유가 선비로서의 덕성과 심상을 살펴서 그 사람됨을 예측하는 방법이다. 관상과 인품이 적절히 조화된 사람을 관직자로 뽑겠다는 말이다. 그러나 인품과 덕성, 능력 등을 종합 판단해도 도저히 확신이 들지 않는 경우에는 관상을 참조하라고 조언한다. 모습과 기색(氣色)을 살펴서 상대의 관상이 귀(貴)한지 천(賤)한지를 살피고 현재 운의 길흉(吉凶)을 판단하여 최종적으로 인재를 선택한다.

관상에서 귀천을 살피는 방법은 그 사람의 그릇됨을 살피는 방법이다. 지위가 높을수록 맡은 책무는 크고 그만큼 부담스러울 것이다. 소인배가 그 자리에 앉으면 감당되지 않는다. 당연히 스케일이 큰 대인(大人)에게 맡겨야 한다.

귀한 관상을 가진 사람이라도 운이 따르지 않으면 일의 성사가 힘들다. 실력과 행운은 별개의 문제이다. 능력이 아무리 뛰어나도 운 좋은 사람만 못하는 법이다. 행운이 따르는 근거를 논리적으로 추론할 수 없지만, 최소한 운기의 좋고 나쁨은 관상으로 판별할 수 있다.

공직자의 관상에서 대인배와 소인배의 구별은 이마와 눈을 살펴서 판단한다. 이마에 흉터가 있거나 이마가 구겨져 보일 정도의 심한 주름이 있다면, 그릇됨이 크지 않거나 높은 직책을 맡을 경우 낙마할 수 있다. 관상에서 눈을 관찰하기는 쉽지 않은데 일단 눈빛이 편안하고 생기(生氣)가 있어야 한다.

운이 좋은 사람은 오장육부의 기운이 잘 돌아서 얼굴색이 밝고 환하고 목소리가 낭랑하고 은쟁반에 옥구슬이 구르는 소리가 난다.

"이러한 측인술(測人術)을 배우고 익히면, 왕과 제후는 백성을 잘 통치하고, 스승이나 연장자는 아랫사람을 잘 교화시킬 수 있으며, 수령은 관할 내의 백성을 편안히 기르고, 가장(家長)은 가족을 화목하게 하며, 농부, 상인 등이 각각 제 할 바를 더 잘하리라."

최한기는 유가적 '수신(修身)'과 관상학의 '상인(相人)'을 서로 보완하여 사람을 판별하는 방법을 제시하고 있다. 관상학 이론 가운데 비합리적이고 미신적인 측면은 비판하지만, 관상학의 긍정적인 측면은 수용하여 새로운 인사검증 지침서로 활용하고 있다.

그가 제시한 관리 선출 기준은 5항목으로 기품(氣品), 심덕(心德), 체용(體容), 학식(문견, 聞見), 처지(환경과 재능) 등이다. 공직자로 선출될 수 없는 경우는 은원(恩怨), 청탁, 뇌물, 문호(門戶, 친인척), 색목(色目, 당파) 등 5가지이다. 은혜를 입었다고 등용하거나, 원수라고 채용하지 않는 경우와 뇌물과 청탁은 무조건 배제해야 한다. 집안의 친인척을 등용하거나 같은 당파나 자기 편을 공직자로 선출하는 일은 절대로 없어야 한다.

인사(人事)의 핵심은 사람을 살펴 제대로 쓰는 것이다. 특히 인사 관리가 모든 일의 출발점이다. 공정성의 회복을 위한 최우선 과제는 그 공정성을 실천할 수 있는 '인재'의 확보가 절실하다.

오바마 대통령의 관상

버락 오바마 대통령은 미국의 제44대 대통령으로 퇴임을 앞둔 현재까지 그의 지지율은 57%이다. 임기 말에도 높은 인기를 누리는 그의 얼굴을 한번 감상해 보자. 특히 취임 전과 8년이 지난 최근의 사진을 비교하면 관상이 고정불변이 아님을 알 수 있다.

변하지 않은 부분은 이마의 전체 모습과 골상, 그리고 눈썹이다. 2008년과 현재 2016년의 모습에서 거의 변화가 없는 부분은 이마와 눈썹 부분이다.

코를 중심으로 팔자주름은 더욱 선명하고 깊이 파여서 세월의 흔적을 짐작하게 한다. 얼굴에서 권위나 명예를 나타내는 부분은 이마와 팔자주름이다. 이마의 면적이 넓고 반듯하면 관록(官祿) 운이 좋아서 명예를 누릴 상이다. 또한 팔자주름이 깊을수록 활동력과 권위가 높아진다. 오바

〈버락 오바마 전 대통령, 출처: 위키백과〉

마 대통령의 얼굴은 팔자주름이 시작하는 코 부위에 검은 점이 도드라져 보인다. 취임 전의 사진은 점의 색이 선명하지만, 최근 사진에서 점의 색이 좀 더 옅어졌음을 알 수 있다. 팔자주름은 관상학 용어로 법령(法令)이라고 부르는데, 법으로 명령을 집행할 수 있는 권한과 권력, 활동력을 의미한다. 팔자주름이 넓게 펼쳐질수록 사회 활동력이 왕성해진다. 팔자주름이 시작하는 부분에 점이 있으므로 처음 정치적 활동을 시작할 때 장애가 따르고 힘들었을 것으로 짐작된다. 그러나 팔자주름의 기운이 뚜렷하고 깊어서 어려운 역경을 잘 극복하고 넘겼을 것이다. 최근의 사진에서 검은 점은 회색으로 바뀌고 색이 흐려져서 점의 에너지가 많이 다운되었다. 이는 관상학적으로 좋은 징조이다. 반면 팔자주름이 더 선명하여 여전히 활동력이 좋으며 권위와 명예가 따른다.

 머리카락은 8년 전에 비해 새치가 늘어 희끗해 보이지만 눈썹은 여전히 검고 윤기가 흐른다. 눈을 보호하는 곳은 눈썹으로, 보수관(保壽官)이라고 부르는데 눈썹이 좋으면 정력이 좋아서 장수하는 편이다. 직장의 수명도 연장되고 어려움이 닥쳐도 눈썹이 좋은 사람은 보호받는다. 그가 재선에 성공하고 퇴임을 앞두고 레임덕이 생기지 않은 이유는 이마와 눈썹, 팔자주름에서 찾아볼 수 있을 것이다.

 눈썹과 눈 사이 눈두덩이는 가정과 집을 판단하는 장소인데, 면적이 매우 좁으면 넓은 평수의 집이나 부동산 소유는 좋지 않다고 판단한다. 눈썹이 내려와서 눈과 가까이 붙어있을수록 자가 소유의 집에 거주하는 것보다 렌트하우스가 어울리는 관상이다.

 눈빛과 눈의 형태를 자세히 살펴보면 8년 전과 비교해 차이가 많이 난다. 예전의 눈빛은 강한 듯 부드럽고 유정(有情)함이 흐르며 맑고 깨끗했다. 눈빛과 눈가의 주름은 노화와 세월의 흔적을 고스란히 보여주고 있다. 눈은 마음의 창이다. 국정운영에 대한 스트레스로 마음 고생한 흔적이 눈빛과 눈가 주름에서 역력히 묻어나오고 있다. 피부 톤은 더 어두워지고 턱 주변의 탄력이 떨어지고 얼굴은 더 길어 보인다.

 인중을 중심으로 좌우 살이 도톰히 튀어나오는 입술 위의 형태는 원숭이의 이미지와 유사해 보인다. 원숭이를 닮은 이러한 형태의 인중 모습은 식록복(食祿福)이 많은 관상으로 재복이 좋다. 자세히 살펴보면 취임 전에 비해 인중이 더 선명하고 길이가 늘어났음을 알 수 있다. 인중은 자식이나 아랫사람과의 연결 통로로서 소통이나 공감능력을 알 수 있는 곳으로 인중이 길수록 좋은 관상이다.

팔자주름은 입 주변을 쭉 타고 내려와서 턱 밑으로 한 바퀴 돌아가는 주름일수록 좋다. 오바마 대통령의 팔자주름은 턱 중간 부분을 가로지르고 있어서 이미지가 다소 어색해 보인다. 턱으로 말년 부위를 살피는데 노년에 건강관리와 교통안전 등을 조심해야 한다. 적당한 운동은 건강에 도움이 되지만, 지나친 운동은 살이 빠져서 주름이 오히려 부각되어 흉터로 보일 수 있는 점에 주의하자. 나이가 들어서 인상이 예전만 못하다고 실망할 필요는 없다. 젊은 시절과 같은 이미지를 바란다면 노욕이 아닐까 싶다. 사회 활동에서 은퇴하여 삶의 여유를 만끽하는 것도 노년만이 누릴 수 있는 행운이며 특권이다.

은퇴 준비를 위한 말년 복

　초년 고생은 사서 하더라도 말년 복만큼은 좋아야 한다. 안정적인 노년을 꿈꾸는 사람들이 해야 할 은퇴 준비는 빠르면 빠를수록 좋다. 건강과 은퇴 자금, 여가와 대인관계까지 대비해야 한다. 은퇴해 노후자금이나 연금으로 편안한 생활을 꿈꾸는 것은 모든 사람의 소망이다. 그러나 말년이 되어도 빚을 갚지 못하거나 퇴직 후에 불안한 노후를 보낸다는 소식도 간간이 들려온다. 우아하고 존경받고 품위를 유지하는 말년복은 타고 운명적으로 나는 것인가, 복록(福祿)도 노력하면 다가오는지 궁금하다.

　인생의 오복은 수(壽), 부(富), 강녕(康寧), 유호덕(攸好德), 고종명(考終命)의 다섯 가지인데 그 중에 첫째가 '오래 살기'이다. 장수는 인류의 소망인데 개똥밭에 굴러도 이승이 좋은 법이다. 죽는 것은 두렵지 않으나 사랑하는 가족, 푸른 하늘과 햇빛을 보지 못한다는 것이 두렵기에 저승사자는 피하고 싶다.

둘째는 재물 복이다. 부유하고 풍족하게 살기 위해서는 돈복이 있어야 한다. 돈이면 뭐든지 해결되는 세상에서 재물은 장수보다 더 중요하다고 생각할지도 모른다. 셋째 강녕은 글자 그대로 일생 동안 큰 걱정 없이 편안하고 건강하고 사는 것이다. 넷째가 유호덕인데, 덕성을 좋아한다는 말이다. 요즘같이 어렵고 힘든 시절에 남에게 덕(德)을 베풀고 기부와 봉사를 할 수 있는 복이 있다면 얼마나 여유롭고 삶이 풍족해질 것인가.

다섯째가 고종명인데 죽을 때 아프지 않고 건강히 천수를 누리며 편안한 죽음을 맞이하는 복이다. 호상(好喪)이라는 말이 있는데 떠날 때를 알고 떠나는 이의 뒷모습은 아름다운 법이다. 가족들 고생시키지 않고 건강히 병 없이 살다가 깨끗하고 품위 있게 삶을 마치는 복은 말년 복 가운데 최고가 아닐까 싶다.

관상에서 말년 복은 첫째 건강이요, 둘째 돈, 셋째 배우자, 넷째 자식, 다섯째 친구 복이 있어야 한다. 아무리 많은 돈이 있어도 건강하지 못하면 돈을 쓸 수가 없다. 벌어놓고 쓰지 못하는 돈은 그림의 떡에 불과하다. 건강을 잃으면 모든 것을 잃는다는 말처럼 최고의 복록은 건강이다. 돈이 없는 말년은 구차하고 초라하다. 손자에게 용돈이라도 챙겨줘야 자주 볼 수 있는 세상이라고 한다. 나이가 들수록 돈이 권력이며 자신감의 원천이 된다.

말년에 부부 금슬이 안 좋으면 황혼이혼과 졸혼(卒婚, 결혼을 졸업함) 같은 말년의 재앙이 올 수 있다. 배우자는 소중한 동반자이자 내 옆을 지켜주는 노년의 수호천사이다. 은퇴 전에 미리 미리 잘하자.

현대 사회에 자식복은 말년 복을 좌우할 정도로 영향력이 크다. '캥거루족' 자식을 영국에서는 '부모의 퇴직연금을 빼먹는 자식들'이라고 하니 청년실업은 지구촌의 문제로 확대되는 추세인 것 같다. 사회적으로 출세하고 잘나가는 자식이 아니어도 독립해서 사회에 잘 적응해 제 몫을 하는 자식이면, 자식복은 일단 있다고 보면 된다. 취업 준비생의 학원비를 뒷바라지하거나 집 팔아서 자식의 결혼, 사업 자금을 대주거나 심지어 결혼한 자녀들의 생활비까지 보태주는 경우도 허다하다. 자식복이 좋아야 노후가 편안해진다.

여기에 평생을 함께 할 친구가 없다면 노년은 외롭고 쓸쓸할 것이다. 노년일수록 은퇴 이후 같이 여가를 즐길 동창과 친구는 인생의 등불이다.

말년에 이러한 오복이 있는 관상으로 타고난 사람도 있겠지만, 없다면 꾸준히 관리해 운을 불러들이는 방법은 어떠한가. 복(福)과 운(運)은 노력으로 만들 수 있는 것이라고 생각하는지. 타고난 숙명으로 볼 것인지 독자의 판단에 맡긴다.

말년복을 상승시키는 관상 노하우

1. 목소리와 얼굴의 색이 좋으면 말년에 귀인이 돕거나 행운이 따른다.
2. 턱의 살집이 통통하고 입이 크고 입 꼬리가 올라가면 말년 복록이 상승한다.
3. 눈썹이 선명하고 진하면 체력과 문서와 부동산운이 좋아진다.
4. 귀가 크거나 두터우면 말년의 건강 운과 재물 복이 좋아진다.

* 귀가 작거나 살집이 부족하다면 귀걸이로 단점을 보완한다.
* 눈썹이 진하지 않으면 화장으로 보완한다.
* 웃으면 입 꼬리가 올라가고 입은 커진다.
* 노래를 부르거나 소리 내어 책을 읽으면 목소리가 좋아진다.
* 운동을 열심히 하면 오장육부의 기운이 좋아져서 기색이 밝아진다.

얼굴의 상처 자국은 인생의 아픔이다

사람은 누구나 보석같이 소중하고 아름다운 존재이다. 보석으로 대우받기 위해서 부단히 쓸고 닦아서 흠집 없이 관리해야 한다. 수신(修身)은 내면의 마음과 외면의 육체를 포함한다.

일찍 일어나서 세수하고 이 닦고 의복을 단정히 하는 일상의 외모 가꾸기는 수신의 기초적인 실천이라고 볼 수 있다. 옛사람들은 부모에게 물려받은 몸은 머리카락 한 올도 소중히 생각하여 상처 없이 신체를 관리하는 것이 효(孝)의 근본이라고 보아서 소홀히 하지 않았다.

태어날 때 얼굴에 상처를 가지고 출생하는 신생아는 거의 없을 것이다. 신체 부위에 몽고반점을 제외하고 얼굴에 흉터 자국이 있는 상태로 출생하는 경우는 찾아보기 힘들다. 대체로 얼굴의 상처는 출생 이후 후천적으로 만들어지는 경우가 대부분이다.

관상은 타고난 바이기에 운명이 정해진 것이라고 생각하는 사람들을 많이 볼 수 있다. 그러나 대부분 후천적으로 살아가면서 변화가 생기고 신체와 얼굴 모습이 변화한다. 뼈와 골격 등 일정 부분은 유전적으로 물려받는 요소가 있지만 얼굴의 상처와 점, 살집의 변화, 척추의 휘어짐 등은 관리소홀로 생기는 경우가 더 많을 것이다.

관상이나 팔자를 신봉하는 많은 사람들은 운명은 태어나면서 정해진 것이라고 생각한다. 운명이 정해져 있기 때문에 얼굴에 점이 생기고 상처가 생겼다며 팔자 탓으로 치부해 버린다. 운명이 고정 불변으로 정해져 있다면 월하노인이 점지해준 신부나 신랑이 때 되면 알아서 나타날 것이다. 삼신할매가 부자로 살 팔자로 정해주었다면 돈이 떡하니 호주머니에 들어올 것이고, 가난하게 살 팔자라면 많이 벌어도 돈이 썰물처럼 나갈 것이다.

많은 이들은 운명이 정해져 있다고 믿으면서 궁합을 보고 결혼한다. 태어나면서 이미 배우자가 정해져 있다면 굳이 궁합을 볼 필요가 없지 않은가. 언젠가 그날이 오면 내 눈 앞에 운명적으로 나타날 것이다. 부귀빈천(富貴貧賤)이 정해져 있다면서 굳이 성공하려고 애쓸 필요도 없고 재테크에 관심을 가지고 노력할 이유가 없어진다. 될 놈은 되고 날 놈은 나는 법이고 길 놈은 기면서 살면 된다. 애써 노력하고 관리하는 수신(修身)이 필요 없다는 얘기이다.

제가(齊家)와 치국(治國)의 근본이 수신에 있다고 〈대학(大學)〉에서 명백히 밝히고 있다. 우리나라의 대학진학률은 이미 80%를 넘어섰고, 세계 최고 수준이라고 한다. 그러나 대학에서 〈대학〉을 가르치니 않으니 수신이 안 되고, 수신할 수 없으니 제가는 말할 것도 없거니와 치국마저 까마득할 뿐이다.

수신은 성형이나 보톡스를 의미하는 것이 아니다. 부실하고 모난 성격과 행실을 바로 잡고 얼굴의 흉터와 썩은 치아와 굽은 등을 바로 펴는 데 있다. 불편한 일이 있어도 인내하며 마음을 편안히 가지며 낯빛이 기품이 있고 밝아야 한다.

어렸을 때 건강이 약한 관상으로 타고 났다고 하더라도 면역력을 기르거나 좋은 식생활 습관, 운동 등으로 건강 운을 바꿀 수 있으니 이 또한 수신의 한 방법일 것이다.

얼마 전에 대기업의 전무로 있다가 회사를 퇴직한 사람이 있었다. 능력 있고 재능이 출중하여 출세가도를 달렸는데 예상치 못한 구설수가 발목을 잡았다. 25년을 넘게 일한 직장에서 불명예스러운 퇴직을 결정하게 되어 마음이 편치 않다고 속내를 털어놓았다. 답답하고 초조한 마음이 그의 얼굴 기색을 바꾸고 있었다. 마음이 밖으로 드러나는 바가 뜻(意)이라고 한다. 마음에 품고 있는 생각은 밖으로 표현되어서 기색으로 고스란히 나타난다.

이마 위에 상처 흔적이 보이고 눈두덩이에 흉터가 있어서 물어보니, 어린 시절에 다쳐서 생긴 흉터 자국이라고 한다. 관상학에서 이마 위의 흉터는 명예와 승진을 의미하는 부위인데 직장 운과 밀접한 관련이 있다. 흉터나 점이 있으면 불명예스러운 퇴직 가능성을 추론할 수 있다. 또한 눈두덩이는 전택궁(田宅宮)으로 집과 가정 자리를 살피는데, 이곳에 흉터가 있기 때문에 가정에 불편한 일이 생기거나 배우자와의 관계가 좋지 못하다고 예측한다. 실제로 현재 배우자와 별거 중이라고 하니 관상을 믿어야 할지 모르겠지만, 미래 예측에는 유용한 도구이지 싶다.

그렇다면 출생 시에 불명예 퇴진이라는 운명이 이미 정해진 것인가? 아니면 유년기의 상처로 인해 흉터가 생겼고, 이러한 후천적인 상황이 운명에 영향을 미치게 된 것일까? 다치거나 깨지는 등의 안전사고는 우연으로 발생하지 않는다. 오래된 사소한 습관과 경향성 등이 모여서 성격을 형성하고, 순간 주의력 결핍 등과 같은 판단 착오가 발생될 소지가 있다.

부모로부터 물려받은 신체를 귀중하게 여기고 잘 관리한다면 얼굴의 흉터 흔적을 피해갈 수 있을 것이다. 수두 예방접종을 받았는데도 수두 자국이 곧잘 흉터로 남게 되는 경우를 종종 보게 된다.

보석같이 소중한 얼굴에 상처가 생기면 그만큼 인생에 흠집이 나게 된다. 나와 남에게 상처주지 않아야 하는 것은 마음뿐만 아니라 몸도 마찬가지이다. 마음의 상처는 표시 나지 않지만 몸의 상처는 지워지지 않는다. 특히 얼굴의 상처는 가릴 수가 없으니, 인생의 상처가 고스란히 드러난다.

상처는 회복하는 데 시간이 오래 걸린다. 얼굴 흉터는 인생의 상처 자국이며 삶의 아픔이 된다. 흉터 자국이 있으면 위로가 필요한 사람들이다.

물형관상(物形觀相)의 포퓰리즘

관상을 살펴보는 여러 방법 중에 물형(物形) 관상법과 오행형(五行形) 관상법이 있다. 사람의 형체와 이미지를 호랑이상, 거북이상, 봉황의 상 등으로 동물의 상에 비유해 표현하는 방법이 물형관상법이다. 오행형(五行形) 관상법은 얼굴 생김과 몸의 형체, 목소리와 얼굴색 등을 목화토금수(木火土金水)의 형태로 나누는 방법으로 일종의 오행 속성분류법인데 의학서적인 〈황제내경〉에도 나와 있는 관상법이다.

관상학의 물형관상법과 유사한 개념이 풍수지리에서도 보인다. 산과 땅의 모습을 관찰할 때 동물이나 사물, 또는 추상적인 물형으로 표현하는 풍수관법이 있다. 산의 형태가 마치 글씨를 쓰는 붓처럼 생겼으면 문필봉(文筆峰)으로 부르고, 지세의 형상이 닭이 알을 품는 형국과 비슷하면 금계포란형(金鷄抱卵形)이라고 한다. 아리따운 선녀가 머리카락을 감고 있는 형상은 옥녀세발형(玉女洗髮形), 장군이 칼을 차고 있는 모양의 산세는 장군패검형(將軍佩劍形)이다.

일반인은 아무리 눈을 비비고 봐도 산은 산이고 물은 물이다. 그런데 풍수가의 눈에는 장군이나 선녀의 모습이 보이는 모양이다. 풍수가마다 의견이 동일하지 않다는 점을 감안하면 물형법이 어렵긴 하나 보다.

최근 지인을 만났다. 요즘 언론 방송에서 유명 연예인이나 정치가의 관상을 소개할 때 여우상, 원숭이상, 코알라상을 거론하는데, 본인은 어디에 속하는지 알려달라고 했다.

물형관상법을 잘 보는 사람은 아마도 도사임이 분명해 보인다. 고서의 '미언대의(微言大義)'를 어찌 학문으로 설명할 길이 있겠는가. 하물며 송대와 청대의 글이 다르고 피휘(避諱)한 글자마저 헷갈리는데, 도사가 아니고서야 어찌 동물의 상을 한마디로 짚어내겠는가.

여우처럼 보이는데 눈은 거북이 눈처럼 생기면 헷갈린다. 게다가 얼굴색이 붉으면 붉은 여우, 노란 빛이면 황색 여우인가. 여우와 거북이 목소리는 녹음해서 들어봐야 정확할 것이다. 설상가상으로 도사들의 의견이 각기 다르니, 누구의 의견이 맞는지 모르겠다.

큰 코, 작은 코, 키가 크다, 손발이 작다, 큰 머리통, 비뚤어진 코 등의 외형상의 특징은 일반인이 보아도 누구나 알 수 있다. 그런데 동일 인물의 관상을 물형법으로 볼 때, 어떤 관상가는 봉황의 상이라고 하고, 또 어떤 이는 뱀의 상이란다. 보는 이의 주관적 관점이나 호감도에 따라서 달리 보일 수 있다는 생각이 든다. 그 사람의 현재 상황이 잘나갈 때는 봉황이 되고, 국민의 지탄을 받았을 때는 갑자기 뱀상으로 둔갑한 것일까. 혹은 관상가의 마음이 이입된 것은 아닐까.

모든 이들이 배울 수 있는 학문은 논리적, 객관화, 구체적이어야 한다.

이현령비현령(耳懸鈴鼻懸鈴)하는 학문은 인정받지 못하고, 전설에 고향에 등장하는 신화에 불과할 뿐이다.

　이러한 물형관상법이 실려 있는 대표적인 관상서는 〈마의상법〉, 〈상리형진〉, 〈신상전편〉, 〈신상수경집〉 등이 있다. 이들 책에는 사람의 눈과 코, 입, 귀 등을 동물에 비유해 설명하고 있다. 전체 이목구비와 얼굴색, 신체, 목소리, 걸음걸이 등을 종합해 동물의 상에 비유하는 금수(禽獸) 물형법은 34종류에서 50종류로 분류된다. 440여 쪽이 넘는 관상서 가운데 금수물형법은 12쪽 내외에 불과해 전체 분량으로 보면 5%도 미치지 못한다. 대부분 중국에서 흔히 볼 수 있는 동물이며, '치와와상'이나 '코알라상'은 등장하지도 않는다.

　봉황의 눈을 가진 이가 있는데 입은 원숭이 입을 닮았고, 목소리는 호랑이가 포효하는 듯하며 걸음걸이는 뱀의 상이다. 이런 사람은 도대체 어떤 동물의 상이라고 볼 수 있는지 생각해볼 문제이다.

　정치권뿐만 아니라 관상 역시 포퓰리즘이 대세인 것 같다. 대중적인 호기심이 물형 도사를 양산하는 시대이다. 일부분의 표정 사진만으로 하루 아침에 원숭이도 되고 용상이나 말상도 될 수 있다. 박장대소하면서 밝게 웃는 모습과 찡그리는 모습의 관상은 전혀 달라 보인다. 교활한 표정으로 흘겨보면서 입을 내미는 모습을 연출한다면 누구든지 뱀과 쥐처럼 보일 수 있다.

　호랑이를 실제로 관찰하면 눈빛은 강하고 눈의 색은 황색이다. 송곳니의 기세가 날카롭고 목소리는 우렁차다. 사냥할 땐 살금살금 걸으며 공격할 땐 쏜살같다. 치아와 골기까지 살펴봐야 진짜 호랑이상을 알 수 있는 것이다.

대중의 흥미를 끌 수 있다면 이 또한 좋지 않은가. 웃자고 하는 관상 얘기를 학문적으로 죽자고 따지고 들면 답답한 사람이 된다. 관상은 대중의 흥미를 끌기 좋은 단골 소재이고 진가(眞假)를 떠나서 믿거나 말거나이다.

'이런들 어떠하리, 저런들 어떠하리, 만수산 드렁칡이 얽혀진들 어떠하리, 우리도 이같이 얽혀 백년까지 누려보세.' 이방원은 '해가'에서 100년을 노래했지만, 조선은 500년을 이어왔다. 관상도 깐깐하게 따지고 들면 언젠가는 논리적이고 체계적인 학문으로 발전하게 될 것이다. 그 날이 오면 반만년은 족히 이어지지 않겠는가. 백골이 진토 될 때까지는 아니어도 죽을 때까지 죽자고 따져 물으리라.

대선주자 사진으로 보는 "찰색법"

색깔로 보는 관상법이 있다. 때깔이 좋으면 운이 좋고 어두워 보이면 운이 나쁘다. 색(色)도 여러 가지로 나타나는데 빨강, 초록, 노랑, 흰색 등 여러 색이 춤추듯이 나타난다. 대략 15종류의 기색(氣色)을 구별해야 한다. 붉은 색만 하더라도 홍색, 자색, 적색으로 구분되니 고수가 아니면 기색을 보기가 어렵다. 일반인은 자색(紫色)은 자주빛으로 생각하지만 관상학에서 논하는 자색은 "피부 깊숙이 들어가서 흩어지지 않고 은은하게 감추어진 색으로 밝고 빛나 보인다."로 묘사되어 있다.

관상학에서 쓰이는 전문용어로 "찰색법(察色法)"이라고 하는데, 낯빛을 살펴서 운명을 추론하는 방법이다. 관상서마다 맨 마지막 장에 소개될 정도의 고급 이론이다.

대선에 즈음하면 학생들과 스터디를 통해서 대통령의 관상을 점쳐보고 투표결과를 통해 확인해 보는데, 신통방통하게 잘 맞아서 매번 탄복하게 된다. 사전출구 조사보다 더 빠르고 정확하게 대통령이 될 후보를 적중시켰다는 희열과 함께 학문적인 자기만족감도 있다. 실제로 관상을 볼 때는 상대방을 직접 마주하여 얼굴, 신체, 밥 먹는 모습과 잠자는 행동까지 판단해야 한다. 이러한 직접관찰법의 대안으로 수업시간에 영상물을 통해서 대선주자의 관상을 살펴보고 실제 피드백 과정을 통해서 관상학의 신뢰도와 전문지식이 확충된다. 특히 선거를 통해 당락을 결정하는 경우는 운이 중요한데 이때 살피는 방법이 "관상 찰색법"이다.

기색으로 보는 관상학의 이론 근거는 '동기감응(同氣感應)', '천인감응(天人感應)' 사상이다. 하늘과 인간은 상호 감응하고 소통하고 있으며 같은 기운은 서로 교감하여 현상계에 나타난다고 본다. 한의학, 풍수 등 동양학의 근간을 이루는 이론으로 오장육부의 기운은 동기감응 되어서 얼굴색으로 나타나며 이를 잘 관찰하면 질병을 예측하고 판단할 수 있다. 조상의 산소나 풍수의 기운은 같은 동류(同類)에 속하는 후손에게 전해져서 운명에 영향을 미친다는 이론이다.

주나라는 적색, 진나라는 흑색이 나라를 대표하는 색상인데 붉은 색은 화(火)를, 검은 색은 수(水)를 상징하는데 물은 불을 이기므로 주나라는 진나라에게 멸망당하게 된다. 이것이 하늘의 계시라며 정치적으로 여론을 형성하고 이미지를 조장했다. 일종의 정치적인 색깔론이다.

대선후보 포스터의 상징 색을 관찰하면 각 당에서 제안하는 경세철학과 미래의 공약을 읽을 수 있다. 차분한 파랑색, 열정적인 감정을 나타내는 빨강색, 신선미와 순수한 자연을 상징하는 녹색 등 색상은 각 후보자의 이미지를 결정한다.

대선주자의 공식적인 프로필 사진은 대선벽보나 선거 홍보물 사진이다.

사진은 실제 모습과 미세하게 차이가 있으며 화장과 조명, 포토샵을 통해서 가상 이미지를 만들 수 있다. 자연스럽지 않은 가짜 이미지는 엄밀히 따지면 관상의 판단대상이 될 수 없다. 그러나 많은 사진자료 중에서 그 사진을 대표 프로필 사진으로 선정했는가? 하필 이 시점에서, 한마디로 필이 꽂혀서이다. 눈에 콩깍지가 씌는 것을 우리는 운명, 하늘의 뜻, 인연이라고 한다. 일종의 '동기감응', '천인감응' 사상이다. 선거벽보 포스터는 국민에게 보여주는 대선후보의 프로필 사진이다.

관상학에서 명예를 살피는 곳은 이마(관록궁官祿宮)로서 이곳이 넓고 흠결이 없으면 출세한다. 이름을 천하에 떨칠 정도의 높은 명예는 하늘이 주는 복인데 이곳은 이마의 옆면 가장자리(천창天倉)이다. 두 눈은 해와 달로서 마음과 영혼을 상징하며, 눈썹은 눈을 보호해주므로 나를 수호해주는 후견인에 해당한다. 눈썹이 진하고 선명하면 나의 보호자로서 후견인에 해당하는 정당을 의미한다. 코는 스스로의 자존감을 뜻하며, 턱은 코를 받혀주는 땅을 상징하므로 나의 지지기반. 즉 유권자를 의미한다.

각 당의 대선후보가 되었다는 것 자체가 저마다 운이 좋은 사람들이다. 대통령이 될 관상은 처음부터 정해져 있는 것이 아니다. 지금 현재의 천운(天運), 대선후보 중에서 가장 운 좋은 사람이 대통령이 되는 것이다. 하늘은 우리 얼굴에서 가장 높은 곳에 위치한 이마전체를 나타낸다. 이마의 중앙부위를 관찰하는 것도 중요하지만 핵심 포인트는 이마의 옆면 가장자리의 기색(氣色)을 체크한다. 마지막으로 목소리가 좋으면 운이 강력하게 받혀준다.

심상정 후보의 포스터를 살펴보면 눈동자가 안 보인다. 내 마음과 영혼을 제대로 국민들에게 어필하지 못하고 있다. 유승민 후보는 경쟁 후보 중에서 가장 눈썹 숱이 약하고 선명치 못하다. 눈썹이 약하면 나의 후견인으로 바른정당이 잘 보필해주지 못하므로 눈썹운기를 보완해야 한다.

안철수 후보의 사진을 잘 관찰해 보라. 왼쪽 이마의 옆면 가장자리의 검붉은 기운이 선명하게 보인다. 자연스러워 보여서 이마 색을 보정하지 않았을 수도 있지만 답은 의외로 간단하다. 바로 이 사진이 가장 좋아 보이고 빛이 꽂혔다는 사실이다. 홍준표 후보의 이마는 왼쪽에 비하여 오른쪽 이마가 상대적으로 어둡다. 조명 때문일 수 있지만, 동기감응으로 보는 것이 관상적인 판단이다.

　문재인 후보의 포스터를 보면 이마 중앙과 옆면의 색이 밝고 전체적으로 얼굴색이 윤기가 있으며 화사해 보인다. 눈썹이 진하고 선명하다. 당에서 확실히 밀어주며 턱이 견고하여 고정 지지층이 확고해 보이며 지면관계상 종합판단은 생략한다.

　유교의 정치철학은 화이부동(和而不同)이다. 모두가 같은 생각을 하는 세상을 꿈꾸는 것이 아니라 다른 생각을 가진 이들이 모여서 화합하고 소통하는 세상을 추구한다. 획일적인 평등이 아니라 다양하고 차이가 있는 사람들이 같이 공존하는 조화로운 세상이다.

가뭄과 용(龍), 좀비의 관상

 조선시대 책력(달력)은 관상감에서 만들고, 동지에 배포했다. 24절기에 맞게 제작된 책력은 현대에 이르면 12동물의 그림으로 표시되어, 글자를 모르는 이들도 쉽게 볼 수 있도록 그림 달력으로 제작되었다.

 농경사회에서 책력은 그해의 가뭄과 홍수를 예측하는 세시풍속으로 사용되기도 했다. 비가 많이 내릴지, 가뭄이 들지를 예측하는 기후관측법은 의외로 간단하다. 달력의 일진(日辰)을 헤아려서 용(龍)의 개수로 따지면 된다.

 용은 예로부터 물을 다스리고 비를 내리게 하는 신령스러운 동물인데 용의 숫자가 많으면 홍수가 나고, 작으면 가뭄이 든다. 용은 최소 1~12마리가 있는데, 대여섯이면 농사 짓기에 적당한 비가 온다.

 정월 초하루(음력 1월 1일)부터 날을 세는데, 용을 상징하는 첫 번째 진(辰)일 되는 날까지를 세어서, 용의 개수를 헤아리는 방법이다. 2017년 음력 1월 1일은 토끼(卯)날이고, 그 다음 날이 용(辰)날이다. 올해는 음력 1월 2일에 용의 일진이 들어왔으므로 '이룡치수(二龍治水)'라고 부른다. 2마리의 용이 물을 다스려야 하므로 물 부족 현상이 예상된다.

따라서 올해의 날씨는 더위와 가뭄으로 푹푹 찌는 한 해가 되리라고 기후를 예측한다. 최근의 잦은 산불과 무더위가 빨라진 것이 그 때문인가.

관상학에서 적당한 습기와 물 기운은 재물 복의 바로미터이다. 촉촉이 젖은 대지는 윤택하고 살이 차오른 모습이고, 가뭄이 나서 논밭이 갈라진 형상은 비쩍 마른 체형을 연상하면 된다. 해골처럼 메말라서 살집이 떨어져 나간 형태는 수기(水氣)가 극도로 부족한 모양새이다.

영화 속 '좀비'가 바로 바짝 타들어간 논밭의 형상이다. 메말라서 굶주린 사람들이 사람을 잡아먹는 것이 바로 좀비의 삶이다. 살집이 부족하면 자연히 뼈가 튀어 나오고, 뼈가 나온 경우는 수기가 부족한 것으로 판단한다. 관상학에서 물이 부족하면 재물복과 건강이 좋지 않다.

뼈와 뼈 사이의 윤활유 역할을 하는 관절액이 부족하면 걸음이 부자연스럽고, 뼈가 마모된 형상이므로 좀비의 걸음걸이가 된다. 좀비는 침샘과 혈액이 메말라서 소리가 나오지 않아 으르렁거린다.

〈동의보감〉에서 "목소리는 신장에서 근원하며 폐는 목소리가 나오는 문이며 심장이 관장한다"고 본다. 모두 혈액순환과 관련된 장부이다. 관상학에서 광대뼈와 뺨, 골기(骨氣)는 폐와 대장에 속하며, 오행 가운데 금(金)의 기운이다. 뼈에서 나오는 골수는 혈액세포를 만들며, 혈액순환이 원활하면 심장과 신장 기능이 건강해진다. 볼 살이 오동통하면 물이 풍족해 윤택하며, 뼈마디가 튼튼하게 된다. 살이 바로 혈액순환의 생명수가 되는 셈이다.

수분이 더 말라버리면 살이 완전히 떨어져 나가서 뼈만 남은 '해골 좀비'가 된다. '좀비'와 '해골 좀비' 가운데 누가 더 악당인가? 당연히 물 기운이 전혀 없는 해골이 가장 나쁜 관상이다.

뼈가 보이는 해골 이미지는 죽음의 형상이다. 뼈는 금속(金)을 상징하는 숙살지기(肅殺之氣)로서 만물을 파괴하거나 죽이는 기운이다. 생명수가 완전히 메말라 버리면 뼈가 바스러질 듯한 '미이라'로 변한다. '미이라'가 부활할 때는 살집이 차오르며 살아 있는 모든 생명체는 물이 있거나 살집이 있을 것이다. 관상은 '살집=생명수'라는 공식이 성립된다.

사람의 체중이 평균치에 미달할 경우 몸 안의 영양분이 부족해 세포대사율이 저하되어 근육, 뼈, 혈관 등의 기능에 문제가 생기고 골밀도도 떨어진다. 지방세포는 랩틴호르몬을 만들어 내는데, 이 호르몬이 부족해지면 인지능력이 떨어져서 치매발병 위험도가 높아진다고 하니, 지방이 풍부한 볼 따귀 살이 얼마나 사랑스러운가.

올해는 용이 두 마리뿐이어서 가뭄과 폭염으로 물이 마를 수 있다. 수기(水氣)가 부족해지면 우리 얼굴의 살이 빠진다. 살이 부족하면 뼈가 부실해지고, 걸음걸이가 삐거덕거릴 것이다. 삶이 뻑뻑해지고, 인정 또한 메말라 가리라. 기우제를 지내든가, 모자라는 용이라도 빌려와야 할 지경이다.

왕을 옛날에는 용(龍)이라고 불렀다. 용에 비유해서 왕의 얼굴을 용안(龍顔)이라고 했으니, 지금으로 치면 대통령이라고 할 수 있겠다. 어려운 관문(龍門)을 통과해 입신출세하는 것을 등용문(登龍門)이라고 하니, 청문회를 통과해 승천하길 기다리는 용들이 한둘이 아닐 것이다.

올해는 용이 많을수록 다다익선이다. 용은 신통방통한 조화를 부릴 수 있다고 한다. 가뭄으로 타들어가는 대지 위에 단비를 내려 주리라. 용의 책무이자 당연한 능력임을 믿어 의심치 않는다.

<진주 귀걸이를 한 소녀>의 관상

〈진주 귀걸이를 한 소녀, 1666년 베르메르, 출처: The Bridgeman Art Library〉

요하네스 베르메르(Johannes Jan Vermeer)의 그림 〈진주 귀걸이를 한 소녀〉는 '네덜란드의 모나리자'로 불릴 만큼 신비롭고 매혹적이다. 명화를 모티브로 미국의 소설가 트레이시 슈발리에는 하녀와 화가의 비밀스러운 사랑을 그린 〈진주 귀걸이를 한 소녀〉의 소설을 창작한다. 이 소설은 2004년 스칼렛 요한슨 주연의 동명 영화로도 제작되었다.

어두운 배경 속에서 앳된 소녀의 얼굴과 진주 귀걸이가 반짝인다. 파란 터번을 두른 소녀의 분위기는 이국적이고 신비롭기까지 하다. 살짝 벌어진 입매와 우수어린 눈빛이 강렬하다. 그림 속 모델이 누구인지 전혀 알 수 없지만 우리에게 무한한 상상력을 불러일으키기에 충분한 그림이다. 아름다운 소녀의 얼굴을 예술적 관점과 달리 관상학 차원에서 감상해도 좋을 것이다. 그녀의 운명과 성격, 배우자와 자식, 건강과 질병을 한번 추론해 보자.

터번을 둘렀지만 이마가 도톰해 보이고 골상의 면적이 넓어 보인다. 쌍꺼풀이 깊어 눈두덩이가 오목하게 들어갔으며 눈이 크고 눈빛이 강한 '돌안(突眼, 튀어나온 눈)'의 형태다. 연한 갈색의 눈썹 털은 가늘고 섬세하며 숱이 많아 보이지 않는다.

이마에서 곧장 뻗어 나온 코는 매우 길고 우뚝 솟아 있다. 인중은 짧아 보이며 뚜렷하지 않고 입술은 도톰하며 붉은 앵두 빛이다.

얼굴을 삼등분(上中下)으로 나누어서 보면 이마와 코에 비해 턱의 기세가 약하고 왜소해 보인다. 관상에서 코는 자존감을 나타내고 중년의 시기이다. 초년은 이마, 턱은 말년을 의미하는데 그림 속 소녀는 턱이 짧고 작아서 중년에 비하여 말년의 운기가 하락할 것으로 예측된다. 눈 밑의 애교살은 누에고치가 누워 있다는 뜻으로 '와잠(臥蠶)'이라고 부르는데 애교살이 도톰하면 인기가 좋다. 이성에게 인기가 있으면 결혼할 수 있으며 자식을 생산할 수 있다는 추리가 가능해진다. 통통하게 살이 오른 누에고치가 만들어내는 것이 귀한 비단을 만드는 명주실이다. 애교살이 좋으면 재복 있고 출세하는 귀한 자식을 생산할 수 있다.

그녀의 눈 아래 부분을 자세히 관찰해 보자. 애교살은 도톰하지만 다크서클이 짙게 드리워져 있다. 눈 밑의 어두운 기운은 자궁과 신장, 혈액순환과 관계있다고 보는 것이 관상학에서 판단하는 질병론이다. 소녀의 인중은 길이가 짧고 흐릿하다. 눈 밑과 인중은 모두 자식을 판단하는 부분인데 이곳이 별로이다. 또한 눈이 튀어나온 '돌안'인데 돌출한 눈은 건강이 나쁘고 자식과 배우자 관계가 좋지 않다. 소녀의 코는 길고 반듯하지만 코와 인중, 턱 주위에 검은 기운이 보인다. 얼굴이 어두워 보이는 것은 운이 좋지 않다는 뜻이다.

미술품으로 감상하면 명암을 이용한 화가의 색채기법으로 소녀의 얼굴 중앙 부위가 어둡게 표현되었다고 해석될 것이다. 그러나 관상학으로 살펴보면 기색(찰색)은 우연일지라도 매우 중요한 판단 요소이다. 화가의 창작 예술품일지라도 보이는 그대로 판단하는 것이 관상학의 미래 예측법이다. 현상계의 모든 사건은 우연을 가장한 필연이다. 미미한 교통사고가 발생해도 운전자의 평소 습관이 쌓인 필연의 결과인데 마치 우연처럼 보일 뿐이다.

쌍꺼풀진 큰 눈과 유난히 반짝이는 두 눈, 육감적인 입술은 감정적이고 열정적인 성격임을 보여준다. 눈썹이 가늘어서 신경이 예민하고 코가 높아서 자존심이 강하고 외로움을 많이 타는 편이다. 눈썹이 옅으면 부모형제의 복이 적어서 고독하고 외롭다. 무엇보다 말년 운기와 건강이 좋지 않고 혈액순환에 이상이 생길 것으로 예측된다. 인중이 짧으면 단명지상으로 보는데 턱과 눈썹, 코의 기색을 더불어 살펴보니 장수하기 힘들어 보인다. 설상가상으로 그녀의 입은 살짝 벌어져서 기(氣)가 빠져나가는 상이다. 평소에 입을 잘 다물지 못하는 관상은 건강이 좋지 않으며 좋은 기운(生氣)이 잘 새어 나간다. 그렇다면 마지막으로 귀를 살펴보자. 귀가 크면 장수할 상이다. 소녀의 귀는 귓밥이 두툼하고 큼직한 진주 귀걸이를 달아서 귀가 늘어나고 커 보이는 효과가 있다.

  이것이 오래도록 건강히 수명을 누리는 관상 코디법이다. 귀 큰 사람 치고 장수하지 않는 경우는 없다. 그림의 원 제목은 '터키식 터번을 한 소녀'였는데, 후에 〈진주 귀걸이를 한 소녀〉로 작품명을 바꾸었다고 한다. 작품명을 개명하여 장수하는 운기보강까지 하게 되었으니 이보다 더 좋을 수는 없을 것이다.

음양으로 살펴보는 관상법

가을을 천고마비의 계절이라고 한다. 말도 살찌기 좋은 계절이지만 여름에는 드러낼 수밖에 없었던 살을 감추기 좋은 계절이다. 날씬한 몸매를 추존하는 이 시대에 필자 같은 사람은 게으름의 표상이다. 뚱뚱한 이들은 자기 관리에 실패한 사람이고 건강하지 못한 비호감 캐릭터로 전락하고 말았다. 체중이 넉넉한 여성이 복부인이나 심성 좋은 맏며느리로 불리던 시절은 이제 가고 없다.

관상학에서 날씬한 체형은 양기(陽氣)가 많고 살찐 체형은 음기(陰氣)가 많다. 음기와 양기가 많을 때 나타나는 현상은 매우 다양하다. 한대(漢代) 이후 중국의 음양학은 정치, 사회, 문화, 풍속, 의학, 자연과학 분야 등에 접목되었고 동아시아에 영향력을 가장 많이 행사한 철학이론이기도 하다.

양은 천(天), 상(上), 동(動), 화(火), 남(男), 강건(剛健)한 성질이 있다. 상대적으로 음은 지(地), 하(下), 정(靜), 수(水), 여(女), 유약(柔弱)한 성질을 가진다. 음양의 기본 개념을 관상학에 적용하면 사람의 성격과 특징을 유추해 보기 쉽다. 성격이 급하고 활동적인 사람은 양기가 많다. 여성스럽고 유연하며 잘 나서지 않는 사람은 살이 넉넉해 여유가 있는 사람으로 음기를 가지고 있다. 상대적으로 비유하자면 뼈는 강건하고 살은 부드럽고 약하다. 음양으로 보면 남자는 여자에 비해 힘이 세며 골격이 큰 편이다.

날씬하면 상대적으로 살에 비해 뼈가 발달되거나 근육이 많아진다. 쇄골이 드러나거나 복근, 광대뼈 등이 생긴다. 현대사회는 대부분 이러한 몸매를 선호하며 미인형이라고 부른다. 날씬하고 마른 체형은 남성적이며 사회 활동력이 좋으며 성격이 강한 편이다. 리더십이 좋아서 상위(上位)에 군림해 남편보다 지위가 더 높다. 살이 부족하면 골기가 늘어나며 양기가 많아진다. 적당히 통통한 여성들은 부드럽고 여성적이며 바쁜 사회생활보다 집안에서 느긋한 정적(靜的)인 휴식을 선호한다. 자기를 낮추어서 가족과 남편을 받드는 대지의 어머니로서 음(陰)의 모습을 보여준다.

현대인에게 풍요로운 삶을 누리기 위해서 돈은 필수 조건 중 하나이다. 그렇다면 음양 중에서 누가 더 경제적인 여유가 있을지 생각해보자. 날씬하고 통통한 그녀 중에서 당신이라면 누구를 꼽겠는가. 과거에는 덕성 있는 얼굴과 몸매를 가진 오동통한 여성이 맏며느리감으로 선택되었고 그들이 곳간 키를 거머쥐었다. 정답은 늘 옛 성현들의 지혜에서 나온다.

살이 넉넉하면 재복(財福)이 좋은 관상이다. 그렇다면 재물 복과 음양론이 상호연관성이 있다는 말이 된다. 경제논리에 고리타분한 음양론을 들이대는 것은 비과학적이고 증명할 방법이 없지만 동양학에서 음양론은 세상의 모든 현상을 설명할 수 있다.

음양은 하늘과 땅, 수(水)와 화(火), 형이상(形而上)과 형이하(形而下)의

심신(心身)관계로 나눌 수 있으며 정신과 물질, 이상과 현실, 명예와 재물 등으로 확대 해석이 가능해진다. 여기서 〈주역 계사전〉의 형이상(形而上)과 형이하(形而下)에 대한 철학적 토론은 생략하고자 한다.

기(氣)는 음양으로 이루어져 있고 현상세계에서의 형이상과 형이하는 정신과 물질로 분류되며, 확대 해석하면 음은 물질이며 현실이며 돈이다. 음은 수토(水土)에 해당하며 물과 땅이며, 풍수와 관상은 물을 재물복의 상징으로 본다. 살이 적당히 붙은 체형은 현실적이고 경제관념이 뚜렷하지만 너무 마른 체형은 이상과 명예가 높고 물질보다 정신적인 부분에 가치를 두는 편이다.

60년대 대표적인 영화배우로 김지미와 윤정희의 음양의 기운을 살펴보자. 우리 얼굴에서 눈은 마음의 창이다. 두 사람의 눈을 관찰하면 음양의 기운이 보일 것이다.

윤정희의 눈은 오목하게(凹) 들어간 눈이고 김지미의 눈은 약간 볼록하게(凸) 나온 눈이다. 눈이 깊이 들어가면 음기가 많아서 속마음을 잘 내색하지 않으며, 조용하고 정적이며 스스로를 낮추고 내조하는 여성적인 마음을 가진다. 실제로 윤정희는 29세에 갑자기 배우생활을 은퇴하고 피아니스트 백건우와 결혼해 현재까지 내조하며 스캔들 없이 배우활동을 해오고 있다. 반면 눈이 약간 나온 김지미는 속마음을 진솔하게 털어놓는 편이며 남성적인 성격으로 정열적이며 화통하다. 사회적인 활동력이 왕성하며 60세까지 배우, 영화제작자, 영화진흥위원회 이사장까지 역임하는 등 역동적인 양기를 보이고 있다.

범죄자의 관상 프로파일링 '어금니 아빠'

관상으로 범죄자를 가려내는 것이 가능한 일인가? 결론부터 말하자면 가능하다.

'프로파일링'이란 범죄심리를 분석해 용의자의 성격과 행동유형 등을 분석해 취향과 콤플렉스 등을 추론하는 범죄심리분석 수사기법이다. 관상학은 '프로파일링' 자문이 가능하며 융합학문의 발전 가능성이 충분하다. 물론 논리적이고 과학적인 추론 과정과 학문으로 인정받는 전제가 있어야 한다.

얼마 전 언론에서 '어금니 아빠' 이영학의 관상을 물어본 적이 있다. 사회적 이슈가 되는 관심사는 학생들과 스터디를 하고 그때마다 피드백을 통해 사건의 결과를 확인한다. 이영학의 관상에서 중요한 점은 성형 전·후의 관상이 바뀌었다는 사실이다. 체중의 변화, 표정 주름, 흉터 등의 얼굴 변화는 인상에 많은 영향을 미치며, 관상이 변하면 성격과 행동이 바꾸고 운명도 달라진다.

이영학이 10년 전 언론에 처음 나왔을 때와 2017년 현재의 모습은 전혀 다른 사람처럼 보인다. 성형수술과 전신 문신에 수천만원의 비용이 들었다는 언론 보도가 있다. 특히 쌍꺼풀진 큰 눈으로 성형해 대단히 좋지 않은 관상으로 변했다. 눈은 마음, 정신이 머무는 곳이며 자신의 가치관이 정해지는 장소이다. 따라서 성형 후에 마음이 변하고, 행동도 바뀌고 인생도 달라졌을 것으로 판단된다.

범죄자 관상 프로파일링 '어금니 아빠 이영학'

1. 눈은 쌍꺼풀이 있고 부리부리하며 눈빛이 강하고 음란하며 도화 기가 많다. 감정몰입형으로 변태성 성범죄자일 가능성이 있다.
2. 눈동자가 약간 튀어 나오고 입술(윗입술이 얇고 아랫입술이 두껍다)이 도톰하게 나왔다. 나쁜 마음을 가지고 있다면 행동으로 옮길 수 있는 감정형 타입으로 폭력성이 있다.
3. 일자형 눈썹인데 감정변화에 따라서 아래로 처지는 형태(팔자미, 八字眉)다. 팔자미는 자기만의 아집과 비현실적인 세계에 잘 빠지는 성격이다. 팔자미에 눈이 작고 가늘면 속세를 벗어난 신선, 도사, 철학, 학자형의 눈썹이다. 이영학은 팔자미에 눈빛이 흉하고 음란해 비현실적인 봉상가형이다. 비세속적인 사이비 도사로 사이비 주술행위를 할 수 있다.

4. 코는 성형 전에 비해 살집이 두툼하고 크다. 재물복이 좋아질 가능성이 있고 후원금이 들어오거나 사업이 발달한다.
5. 눈밑(자식궁, 子息宮)에 어두운 기운이 있으며 눈두덩이(전택궁, 田宅宮)에 점이 있다. 눈이 둥글고 도화스러운 살기(殺氣)가 보여서 가정, 배우자, 자식의 운기가 나빠지며 이별수가 있다.
6. 문신은 몸에 상처를 내어서 색을 입히며 자해로 분류한다. 검은 문신은 음기(陰氣)를 뜻하는데 몸 전체에 문신이 뒤덮여 있으면 어두운 직업군, 밤에 일하거나 비밀스러운 음성적(陰性的) 직업군에 종사한다. 얼굴과 문신한 몸의 색깔이 달라서 겉으로는 순수하고 밝은 사람처럼 보이지만 안으로는 검은 세계에 속한 이중인격자다.
7. 턱은 말년운, 자손, 땅, 지지 기반, 가정을 나타낸다. 어금니만 있기에 턱이 튼튼하지 않고 무너진 것으로 추론한다. 본인의 지지 기반인 가정과 자식운, 말년이 좋지 않다.

관상학에서 인중은 자식의 운기를 살피며 인중이 좋지 않으면 '난산' 등으로 자식이 불리해진다. 인중의 생김새는 위에서 아래로 내려올수록 폭이 넓어지는 형태가 좋다. 인중의 길이가 길면 장수하고 인중이 깨끗하면 자식의 운기가 좋다.

이영학의 인중은 11자형의 모습으로 뚜렷하고 주름과 점, 흉터가 없다. 인중의 위와 아래의 폭이 똑같이 생긴 형태는 좋지 않지만, 삐뚤어지지 않았고 깨끗하다는 장점이 있다. 여기서 이영학과 딸의 관계를 추론해볼 수 있다. 딸의 범행 가담 여부는 이영학의 인중을 살펴보며 추론 가능하다.

인중은 자신을 의미하는 코와 자식을 상징하는 턱을 이어주는 소통 통로이다. 이곳이 막혀 있거나 흠결이 발생하면 아랫사람과 인연이 없거나 소통이 잘 안 된다. 이영학의 인중은 일자형으로 직류수처럼 생겼다. 이영학의 딸은 일방적·수직적 소통관계에 있으며 사이좋은 부녀 사이로 범죄에 가담할 가능성이 매우 높다. 소통이 아무리 좋아도 턱이 좋지 않으면 그 결과는 도루묵이다. 치아는 목소리가 밀접한 관련이 있는데 치아가 빠지면 말이 샌다. 목소리(성상, 聲相)의 상이 나빠지면 운이 좋지 않다. 범죄자에게 행운이 따르면 완전범죄가 되는 것이고, 운이 나쁘면 발각되어 감옥행이다.

특히 현재 운은 만 35세이고 한국의 세는 나이로 36세이다. 관상학적으로 눈에 운기가 몰려있는 나이다. 눈이 흉하면 30대 중후반의 운이 안 좋다. 부드럽고 순해 보일지 모르지만 관상가의 판단은 전혀 다르다. 내면에 번뜩이는 살기가 서려서 관재수가 있는 흉악한 성범죄자의 눈이다.

칼잡이의 관상

세상에는 다양한 직업이 존재한다. 업종의 귀하고 낮음을 떠나서 먹고 살기 위한 생계형 직업은 누구에게나 힘들고 고되다. 특히 '칼을 쓰는 직업'은 위험부담이 많고 다치기 쉬운 직종이다. 칼잡이의 운명은 칼과 함께 시작되고 칼과 함께 마친다. 무인의 명예로운 죽음은 전쟁터가 아니던가. 대장군이 차는 칼에서부터 요리사의 식도, 이발소의 면도칼, 양아치들의 허접한 칼에 이르기까지 세상엔 수많은 종류의 칼이 있다.

격이 높은 칼잡이는 생살지권(生殺之權)을 가지는데 판사, 검경, 군인, 의사 등이 여기에 속한다. 펜을 칼로 쓰는 직업군으로 평론가, 심사위원, 언론인 등이 있으며 세 치 혓바닥을 칼로 쓰는 직종으로 변호사, 방송인 등이 있다. 회계사, 인사과, 감사원, 사정관 등은 소소하게 칼을 쓰는 행정업무를 한다. 이들은 프로답게 자신의 칼을 잘 갈고 닦아서 사람과 사물을 분석하고 잘라낸다. 칼질의 궁극적인 목적은 병소를 도려내고 사람을 살리기 위해서일 것이다.

아무리 능숙한 칼잡이라도 실수하면 자신의 칼에 베이거나 남을 다치게 할 수도 있다. 그래서 국가는 '국가공인 칼잡이 자격증'을 부여하며 이들을 특별히 관리한다. '누가, 언제, 어디서, 무엇을, 어떻게, 왜' 쓰느냐에 따라서 사람을 죽일 수도, 살릴 수도 있는 직업이기 때문이다.

칼은 살기(殺氣)가 많아서 감정적으로 사용하면 사람을 죽이는 망나니의 칼이 되고 전쟁에 미친 광인의 칼이 된다. 올바른 칼질의 덕목은 냉정하고 차가워야 한다. 감정이 절제되어야 서슬 퍼런 칼날이 한 치의 오차도 없이 정확하게 정곡을 향한다. 가슴은 불처럼 따뜻하고 칼은 얼음처럼 차가워야 한다.

칼잡이의 관상은 보통 사람들과 많이 다르다. 훌륭한 무인이라면 서늘한 가을의 서릿발 같은 기운이 느껴져야 한다. 살이 많아서 체중이 많이 나가면 좋은 칼잡이의 관상이 아니다. 체구가 날렵하고 눈매와 입은 작고 가늘어야 한다. 눈의 흰자위가 맑고 피부가 얇으며 투명할수록 훌륭한 칼잡이다. 음성은 맑고 음폭이 굵지 않은 테너바리톤의 목소리가 좋은 상이다.

하급 양아치 관상은 체격은 크고 얼굴이 우락부락하고 눈을 부라리고, 굵은 목소리로 고함을 지르며 입술은 씰룩인다.

오랜만에 담금질이 잘 된 보기 드문 칼잡이의 상을 보았다. 얼굴과 목소리, 걸음걸이, 눈빛 등을 살펴보고 인터뷰와 동영상을 꼼꼼히 관찰했나. 칼을 쓰는 자, 이국종 교수의 관상이다.

〈이국종, 출처: 써밋플레이〉

　가늘고 길게 생긴(세장, 細長) 두 눈이 매서워 보이지만 눈빛이 노광(露光) 되지 않아서 맑고 청량한 살기가 서려 있다. 선명한 입술라인과 얇은 입매무새는 절제된 감정을 숙명처럼 안고 가야 하는 무인의 의지가 엿보인다. 반듯하게 잘 뻗은 콧날과 얇은 피부는 풍족한 부자의 상이 아니라 절개를 지키며 명예를 중시하는 대쪽 같은 선비의 관상이다. 좌우로 곧장 뻗은 팔자주름은 직업정신이 투철한 외길인생을 보여주며 쉴 틈 없는 칼질의 기상이 느껴진다. 진심으로 사람을 살리고자 하는 따뜻한 심성과 책임감, 동료애는 그린 듯이 길게 뻗은 두 눈썹에서 알 수 있다.
　얼굴에 비해 귀가 작아서 소년시절 고단함이 있을 지라도 30대 이후 발복하는 관상이다. 예전에 비해 이국종 교수의 볼 살이 많이 빠진 편이다.

광대뼈가 홀쭉해지면 주변사람의 도움이 없어서 고전 분투하게 되고 두 뺨의 낯빛이 어두워지면 시기와 질투, 구설수에 주의해야 한다.

훌륭한 칼도 버릴 틈이 있어야 오래 가는 법이다. 이국종 교수에게 충분한 휴식과 수면, 그리고 음악을 즐길 여유가 있기를 바란다. 오래도록 그가 내는 '칼의 노래'를 듣고 싶다.

2018년 황금 개띠 해, 음양오행으로 보는 마케팅 전략

동양문화에서 만 가지 사태와 사물을 인식하고 판단하는 사유체계는 음양오행을 근간으로 한다. 봄은 파릇파릇한 새싹이 솟아나는 목(木)의 계절이며 인생의 소년기를 뜻하고 여름은 청춘을 의미하며 강렬한 열정의 무더위가 넘치는 붉은 화(火)의 계절이다. 가을은 성숙한 장년기로써 결실을 거두며 서리가 내리는 하얀 금(金)의 계절이고, 겨울은 찬란한 태양의 기운이 쇠퇴하고 밤이 길어지고 어둠이 내리는 수(水)의 계절로써 노년기를 상징한다.

목화토금수 가운데 토(土)는 춘하추동의 기운을 소통하고 균형과 중화를 위한 핵심 키워드 역할을 한다. 환절기를 나타내며 사계(四季)를 담당한다. 오행의 중심 역할을 맡고 있으며 상하좌우, 동서남북의 중앙방위에 있다. 오행은 각각 자신만의 상징 색이 있는데 목은 블루, 화는 레드, 토는 옐로우, 금은 화이트, 수는 블랙이다.

중국은 하·상·주·춘추전국·진·한 시대를 거치면서, 드라마틱한 색깔 정치론을 펼치게 되는데 오행을 응용한 오덕설(五德說)을 통치이데올로기로 삼았다.

중국 최초의 통일국가 진나라는 수덕(水德)으로 나라를 다스렸고 국가의 상징색은 흑색이다. 진나라 이전 주나라는 화덕(火德)으로 국가를 경영해 왔는데 진의 수(水) 기운에게 수극화(水克火) 당해서 멸망하고 말았다. 진을 이어서 한나라는 토덕(土德)을 표방해 한나라 이후 중국 황제는 대대로 황색 용포를 입었고, 이후 중국의 상징색은 황색이 되었다.

중국이 중화주의를 표방하면서 세상의 중심에 서고자 한 까닭은 토기(土氣)가 동기감응(同氣感應)해서 나타난 현상일지 모를 일이다. 토는 오행을 다 포섭하고 오행의 중심축에 존재하므로 사방을 복속시키고자 하는 성향이 드러날 수 있다. 축구장에서 빨간 티셔츠를 입으면 화기(火氣)가 발생해 열정적으로 응원하듯이 말이다.

2018년 무술(戊戌)년은 개띠의 해다. 모든 육십갑자는 육십년을 돌아서 같은 해를 맞이한다. 2018년에 태어난 아이는 2078년에 다시 무술년을 만나게 된다. 따라서 실제 태어난 출생 년은 60년 후에 맞이하게 되는 셈이다. 진짜 자신이 태어난 생일에 무병장수를 기원하기 위해 열린 축하행사를 회갑(回甲) 또는 환갑(還甲)잔치라고 한다.

개띠, 견공의 띠는 다섯 종류로 분류할 수 있는데 푸른 개는 목(木), 붉은 개는 불(火), 노란 개는 토(土), 흰색 개는 금(金), 검은 개는 수(水) 기운을 띠게 된다. 올해 무술년은 토(土)에 해당하는 개띠이므로 황구(黃狗)의 해다. 털빛이 누런 누렁이가 올해의 주인공인데 품격 있는 '황금 개띠'로 불러주니 누렁이 팔자가 상팔자로 격상된 느낌이다.

2018년 황금 개띠 해를 음양오행으로 추리해 마케팅 전략을 세워보자. 미래예측은 많은 정보와 빅데이터가 필요하지만 음양오행은 2개의 기호와 5가지 코드만으로 국운과 미래를 추론할 수 있다.

올해 무술(戊戌)년은 황색 토(土)를 상징하고 땅 기운이 강해지는 토기(土氣)가 들어왔으니, 올해는 국토교통부의 주도적 역할증대를 예상해 볼 수 있을 것이다. 토기(土氣)의 영향으로 땅값이 뛰거나 폭락하는 등 토지의 변동 폭이 많아지고 땅 기운이 흔들리거나 변화를 맞이하게 되므로 지방자치제 선거구역의 변화 등도 조심스럽게 점쳐볼 수 있다.

2018년에도 우리나라의 지진 현상은 더 심해지거나 현재 진행형으로 이어질 것이다. 토지 싸움이 지나치면 전쟁으로 비화된다. 땅을 점유하면 그 땅의 역사와 전통의 정당성 확보는 물론이고 사람과 자원, 영공과 영해를 독차지할 수 있다. 올해는 한반도를 비롯해 국지전이 빈번하게 발생하는 국제 분쟁지역은 영토점유권 분쟁이 가속화할 가능성이 높다. 강력한 토기(土氣)로 인해 한반도 전쟁위기설은 꽤나 시끄러워지겠다. 특히 환절기에는 토 기운이 강해지므로 4월, 7월, 10월을 잘 넘기면 잠잠해질 것으로 예상된다.

2018년 개(戌)띠 해는 서북 건괘(乾卦) 방향을 가리킨다. 주역에서 건괘(乾卦)는 하늘(天), 아버지(父), 말(馬), 머리(頭), 금속(金) 등을 상징한다. 2018년 한 해는 하늘(天)을 상징하는 종교문제로 대립과 갈등의 골이 깊어지고, 천재지변이 우려된다.

각 국가의 지도자와 대통령의 리더십이 절실히 요구되는 환경으로 정치

경제적으로 다사다난한 해가 될 것이다. 무술(戊戌)년은 수장의 별인 괴강살(魁罡殺) 기운이 강해지므로 국가 원수들의 모임과 조직 활동에 많은 변화가 발생하고 제각각 우두머리를 주장하므로 화합하기 힘들어진다. 기업의 CEO, 가족을 이끄는 아버지(父)의 리더십이 사회경제적 이슈로 부각될 것으로 보인다.

건(乾)괘는 말(馬)을 상징한다. 말은 고대로부터 인류의 교통수단을 나타내는 역마(驛馬)의 의미가 있다. 2018년은 무역, 자동차, 항공운수업, 선박 등 운수업종과 교통문제, 교통안전에 주의해야 한다. 국가의 무역 분쟁의 가능성도 다분하다. 가상화폐는 전형적인 역마재(驛馬財)를 의미한다. 인터넷은 역마성향이 높은 시장이므로 인터넷에서 유통되는 가상화폐의 열기는 당분간 계속될 전망으로 예상된다. 그러나 교통사고와 같은 해킹 사고, 법적 문제 등이 발생할 가능성이 많으므로 투자에 주의해야 한다.

인체의 머리(頭)에 해당하는 뇌혈관 질환, 뇌과학, 심리철학, 정신과, 심리 상담 등 브레인 분야의 의료 환경 변화, 두뇌를 연구하는 과학 분야, 인공지능(AI)의 개발과 투자는 가속화할 전망이다.

금속(金)은 철기문화의 상징이며 철제무기와 칼 도끼 등을 의미한다. 미사일, 핵폭탄 등 전쟁 무기 개발사업, 무기 수출입 업종과 기계금속, 비철금속, 반도체 등의 업종은 등락폭이 커지게 된다.

국제적으로 2018년은 중국의 영향력이 더욱 증대될 전망이다. 국가 상징 색깔로 황색을 사용하는 중국이 세계에서 절대적 우위를 점할 가능성이 높다.

토(土)의 역할은 오행의 균형과 중화에 있다. 올해는 불안정한 지기(地

氣)의 안정을 위해서 중국의 포용력과 균형 감각이 필요한 시점이다. 우리나라는 '차이나 파워'에 대비하는 마케팅 전략이 절실한 한 해가 될 것으로 전망된다.

황제가 묻고 관상가가 답하다

　영락황제는 명나라 태조 주원장의 넷째 아들이다. 그는 황제로 즉위하기 전부터 관상에 심취해 관상가의 조언을 받았다. 명대의 관상가로서 원공 부자(父子)가 유명했는데, 이들은 황제가 태자일 때, 그가 40세 이후에 황제가 될 것을 예언했다.
　후일 황제가 된 그는 원공 부자를 신임해 정사의 자문을 받았다. 원공의 아들 원충철은 〈명사(明史)〉 '원충철전'에 나오는 관상가다.
　영락황제는 관상의 신봉자였으며 자신 또한 관상에 조예가 깊었다. 영락황제와 유장선생의 관상토론 문답은 〈유장상법(柳莊相法)〉 '영락백문(永樂百問)'에 실려 있다.
　황제가 묻고 관상가가 답했다.
　"짐이 예전에 왕후를 총애했지만, 지금은 예전처럼 사랑하는 마음이 생기지 않는데 왜 그러한가?"

관상가는 황후의 상이 좋지 않아서 황제의 총애가 없어진 것이 아니라, 황제의 관상이 그 이유라고 답한다. 자식이 생길 기운이 나타나지 않아서 황후에 대한 사랑이 식었다고 풀이한 것이다. 여기에 더해 관상가는 황제가 3년 후에 자식을 얻을 관상이라고 예언했는데, 그 후로 다시 왕비와 사이가 좋아져서 태자를 낳았다고 한다.

자식을 얻을 운이면 부부 금슬이 좋아진다는 뜻이다. 애정도 싫증도 상대방 탓이 아니라 자기의 관상 탓이다. 자기 마음이 바뀌었고, 그 징조가 관상에 나타나게 된 것이리라.

"왕후를 간택할 때 솜옷을 두텁게 입혀서 땀을 내게 해 간택하는 이유가 무엇인가?"

여인의 몸에서 나는 냄새가 향기로우면 길한 관상이다. 일부러 땀을 내게 해 몸의 향기를 맡아보아서 황후를 간택한다. 귀한 사람은 몸에서 은은한 먹 향과 난초 향을 풍긴다.

의학적으로 몸 안의 노폐물이 쌓이면 악취가 난다. 땀 냄새는 피지 속의 지방산이 산화되면서 나온다. 대체로 오장육부가 건강하고 신진대사가 원활한 사람은 노폐물이 잘 배출되므로 시큼한 땀 냄새가 적게 난다.

몸에서 풍기는 냄새로 무병장수하고 건강한 왕후를 선택했던 것이다. 땀 냄새는 일종의 초간단 건강검진인 셈이다.

그래서 가끔은 연인과 격렬한 스포츠 데이트를 해보라. 그녀의 땀 냄새가 향기롭다면 평생을 해로하며 건강하게 잘 살 수 있다.

"짐은 전쟁터는 두렵지 않은데, 지금은 밤에 황후의 침실에 들어가는 것이 두렵소. 이는 무엇 때문인가?"

송나라 태조는 왼쪽 눈과 오른쪽 눈이 짝짝이로 부인을 무서워했고,

장상서라는 사람은 수염이 좌우 짝짝이로 생겨서 일생 동안 부인에게 기를 펴지 못했다. 관상가는 황제의 관상이 눈가 주변에 검은 점이 있어서, 그 때문에 부인을 두려워한다고 답했다.

공처가 관상은 눈가 주변에 점이 있는 경우, 수염이 가지런하지 않고 좌우로 치우친 경우, 자웅안(雌雄眼)으로 짝눈인 경우다. 이러한 관상은 대체로 부부관계가 나빠질 수 있으므로 주의해야 한다.

"벼슬이 높으면 당연히 귀한 관상일 것이다. 그런데 후일 감옥살이를 하거나 형벌에 처해지는 것은 무슨 연유인가?"

귀한 관상으로 높은 지위를 누렸어도, 목 위에 붉은 실핏줄(실금)이 있으면 흉상으로 변한다. 또 이마와 귀에 검붉은 기운이 보이면 관청의 형벌이 있거나 망신수가 있게 된다. 이들의 관상을 잘 살피면 이러한 기미가 있을 것이다.

목에 있는 붉은 실금은 목숨이 경각에 달렸고 직위해제된다는 징조다. 이마는 관록궁으로 관운(官運)의 자리를 뜻하는데, 이곳에 검붉은 기운이 돈다면 필시 관직의 구설수를 의미한다.

귀가 검붉다면 수명이 다 되었고 주변에서 도와주는 이가 없게 되므로 귀인이 나서지 않아서 관운이 불리하다고 할 수 있다.

요즘 연일 공인들의 망신수와 관재수가 언론을 장식하고 있다. 부귀를 누렸다면 반드시 관상이 좋고 훌륭한 부분도 있을 것이다. 그러나 관상은 변한다. 이 세상에 변하지 않는 것이 있으랴. 주름 한 줄, 얼굴의 때깔도 날마다 바뀌는 법이다.

시절이 하 수상하면 겸손하게 고개를 숙여야 한다. 목주름이 어지럽고 목 피부가 늘어지고 기색이 좋지 않다면 더욱 조심해야 한다.

목의 관상이 좋지 않은데 빳빳이 들고 있다면 한 방에 갈 수도 있다. 목단추는 단정히 여미고 겸손하게 고개를 숙이고 몸은 최대한 낮춰야 한다. 살아남으려면 목 관리가 최우선이다.

여자와 돈은 바람처럼 돌고 돈다. 과거의 바람기가 돌고 돌아서 온다. 대한민국에 불어 닥친 꽃샘바람이 매섭다. 꺾이지 않으려면 튼튼하고 굵은 목이 좋다.

유명인사 관상평(2014~2016년)

1. 푸틴 러시아 대통령

　넓은 이마와 얼굴에 비하여 오똑하게 솟은 크고 긴 코는 명예와 대통령으로서의 능력을 나타낸다.

　이마와 코에 비해 턱의 기세가 부족한 듯이 보이나 입술이 넓고 크고 입술 라인이 반듯하여 턱의 기세를 보완하였다. 입의 나이에 해당하는 60세(2011년), 러시아 대통령으로 당선되었다. 그러나 윗입술과 아랫입술의 두께 차이로 말년에 부부관계가 원만치 않은 단점이 있다.

　옴팍한 눈으로 속마음을 잘 드러내지 않으며, 두뇌가 매우 우수하면 고집스럽고 독한 기질도 갖고 있다. 푸른 눈동자는 관상적으로 귀상(貴相)이다.

푸틴의 관상은 이마가 넓고, 콧날이 반듯하며, 얼굴 전체 면적에 비하여 코가 크고 긴 편으로 전형적인 공직자의 상으로 대통령으로 출세할 수 있는 좋은 관상이다.

얼굴에서 명예와 출세의 상징은 이마, 자신의 능력은 코를 보면 알 수 있다.

전체적인 체상은 단신으로 작은 편이나, 눈빛이 살아있고 얼굴형이 다부져 보여서 의지와 밀어붙이는 추진력이 있다. 작은 키인데 세상에 이름을 떨치는 사람은 눈빛이 살아있어야 한다. 단신의 체상으로 출세하는 경우는 의지와 고집이 강하며 전체를 장악하는 독한 면을 갖고 있다.

특히 입이 얼굴에 비해 매우 크며 입술라인이 반듯하여 야망과 포부가 큰 편이며, 스케일이 크다. 그러나 윗입술과 아랫입술의 부조화로 말년에 부부 관계에서 갈등이 생길 수 있다.

관상학에서 얼굴의 상중하를 이마, 코, 턱 등 삼정으로 나누어 초년, 중년, 말년운을 본다. 푸틴은 이마와 코가 좋아서 초·중년의 상이 좋은 반면, 말년의 턱이 이마에 비하여 면적이 작아 보인다. 그러나 큰 입이 턱의 운기를 보충하고 있다. 특히 코의 나이인 1999년 48세(한국 나이) 전후에 엘친의 대통령직을 이어받아서 자신의 능력을 발휘한다. 더욱이 60세(한국 나이)에 해당하는 입의 나이인 2011년 12월에 대통령에 당선된다.

눈이 옴폭하게 들어간 눈으로 속마음을 잘 드러내지 않는 이중플레이가 가능하며 그 의중을 헤아리기 어렵다. 눈빛이 매섭고 독하여 마음에 담은 일은 잘 잊는 편이 아니며, 눈빛에 살기가 보여서 강력한 제압이나 공권력 시도가 가능하다. 눈은 마음의 창이기 때문에, 눈이 튀어나온 사람은 오픈마인드에 정보개방형이다. 그러나 눈이 들어간 사람은 대체로 비밀엄수주의, 베일에 싸인 사람의 경우이다. 특히 푸틴의 푸른색의 눈동자 색은 관상적으로 매우 귀한 상으로 국민들의 지지도가 높은 것으로 예상된다. 눈은 오행상 수목(水木)기운을 뜻하므로 목을 상징하는 푸른색이 가장 좋으며, 수를 상징하는 흑갈색 눈동자도 좋다.

관상학에서 입을 대해(大海)라고 부르는데, 입이 크면 큰 포국을 하는 사람이다. 더욱이 이마가 넓어서 명예욕이 많으며, 뇌가 있는 부위인 이마가 넓으면 두뇌플레이와 총명성이 뛰어나서, 충분히 러시아의 최장기 집권 대통령이 될 수 있는 관상이다.

2. 테슬라의 앨런 머스크

전체적으로 이목구비가 잘생긴 관상을 타고났다.

특히 이마가 넓고 눈썹 숱과 눈썹의 형태가 수려하고 아름답다. 눈썹은 관상학에서 매우 중요한 곳인데, 사업의 성공 여부와 수명을 살피는 장소로 보수관(保壽官)으로 불린다. 관상학적으로 눈은 마음의 창인데, 이러한 눈을 보호하는 기관이 바로 눈썹이다.

앨런 머스크는 특히 아치형의 예술적인 눈썹을 갖고 있다.

상업성과 세속형의 얼굴은 전형적인 비즈니스형인 사업가의 얼굴이지만 머스크는 맑고 청아한 느낌과 도화기를 가진 호남형 스타일로 대중적인 인기성이 따르는 형이다. 이윤추구형의 세속적인 사업가 스타일보다는 공익과 인류문명에 기여하는 명예형 사업가 스타일이다. 자신의 이름이 세상에 알려지기를 원하는 명예형 관상이다. 이마와 눈썹은 관상적으로 얼굴의 상중하에서 초년에 해당한다. 특히 눈썹의 나이는 20대 후반에서 30대 초반이다. (미간 28세, 눈썹 30대 초반) 초년에 일찍이 사회적으로 성공을 거둘 수 있는 관상이다.

눈동자가 약간 나온 형으로 오픈 마인드에 정보 공개형의 스타일로 시원스러운 일처리를 하는 편이다. 얼마 전에 테슬러의 전기차 특허 공개도 이러한 경영 마인드가 작용한 것으로 보인다. 관상학에서 코는 재물복에 해당하여 두툼한 복코의 관상은 전형적인 이윤 추구형의 사업가형이지만, 머스크의 코는 복스러운 재물복의 형태를 갖추지 않았다. 이마와 눈썹과 눈빛이 아주 귀하고 좋은 관상이다. 따라서 개인의 사사로운 이윤 추구형의 사업가의 관상이 아니라, 사회 기여형, 자연친화형, 환경기업형 사업스타일 CEO형이다. 특히 이마가 넓고 발달되어 있어 다양한 창의력과 아이디어, 예술형의 디자인 분야도 소질이 많다.

현재 나이는 45세(한국 나이)로 관상학적으로 코의 중심부에 해당하는 운기를 살고 있다. 코의 기세나 찰색을 미루어 보아 사업상의 실적 등은 계획보다 지체될 듯 보인다. 그러나 눈썹의 기세가 받쳐 주기에 그의 나이 50대 이후의 발전 가능성은 대단히 희망적으로 보인다.

3. 애플의 팀쿡

애플의 팀쿡의 관상은 전형적인 대기업의 CEO상이다.

밭전(田)자형의 다부진 얼굴형으로 얼굴의 상중하의 균형이 알맞고, 특히 코가 크고 높이 솟아서 능력을 충분히 발휘할 수 있다.

애플사의 스티브 잡스와 팀쿡의 관상은 궁합적으로 매우 잘 어울리며, 서로의 장점을 잘 보완하고 있다. 창의적 아이디어와 예술적인 목화(木火)형의 잡스와 실용성의 토금(土金)형의 관상을 가진 팀쿡의 관상궁합은 상생관계로 좋은 편이다.

팀쿡은 예술형이라기보다는 실용적이고, 융통성이 있는 대중적인 사업가형이다. 스티브 잡스의 사업경영 스타일과 팀쿡 회장의 사업마인드는 다르다. 향후 애플사의 경영방침은 많은 변화를 가져올 것이다.

이마가 잘 발달되어서 명예가 높다. 코가 높아서 CEO로서 능력을 보이고 있다. 광대뼈가 잘 보완하고 있어서 대인관계의 융통성과 친화력이 좋아서 주변의 인맥이 좋은 편이다. 관상학적으로 턱은 부하직원과 아랫사람을 나타내는데, 다부진 턱은 군건한 의지를 나태며 부하직원의 신뢰를 받을 수 있다.

눈은 가늘고 긴 편으로 귀한 상이다. 그러나 눈꼬리가 처지고 눈빛이 온화한 가운데 매서운 기운이 감돈다. 관상학에서 눈꼬리는 배우자와의 관계를 살피는 장소이다. 이 부분이 처지면 결혼운이 늦거나 배우자운이 좋지 않다고 본다. 팀쿡은 동성애를 커밍아웃한 기업가이다. 관상학은 이성배우자만을 인정하는 보수적인 학문이다, 따라서 동성배우자는 좋지 않다고 판단한다.

눈썹 뼈가 높아서 의지와 추진력이 좋으며, 자수성가형 스타일이다. 목젖이 튀어나와 자식과의 인연은 좋지 않아서, 양자를 들이는 것이 바람직해 보인다. 대체가 체형이 뼈가 발달된 스타일이며, 손이 크고 마디가 발달되어 기술 엔지니어 분야에도 뛰어난 재능을 보인다.

조용한 가운데 구조조정을 할 때는 무서운 스타일이다. 입술이 얇아서 감정적이기보다는 이성적이고 냉정한 편이다.

현재 55세(한국 나이)로서 관상학적으로 56세(2015년)는 왼쪽 팔자주름에 해당하는 운기이다. 이곳은 법령(法令)으로 법으로 명령을 집행할 수 있는 권력과 권세와 활동력을 보는 곳이고, 선명할수록 좋은 관상으로 본다. 팀 쿡의 관상적인 운기를 헤아려 보면 2015년은 왕성한 활동력을 보이지만 하반기 이후의 전망은 하락이 예상되므로 향후 3년 이후에 운기의 다운을 보완하는 관상학적인 코디 방안이나 관상학적 운기를 보완할 파트너를 찾아야 할 것으로 보인다.

4. 버락 오바마 대통령

이마가 도톰하고 수려한 눈빛에 눈썹이 좋다. 지지율 하락이라고는 하지만 눈썹은 나의 보호하는 지지자인 동시에 스폰서나 후원자를 뜻한다. 코가 크고 반듯하여 대통령으로서 좋은 관상이다. 대통령이 눈썹이 좋으면 지지자들이 대통령을 보호할 수 있으므로 재선이 가능하다.

얼굴의 상중하로 초년 중년 말년을 살피는데, 전체적으로 이마의 좌우 옆면적이 줄어들어서 초년의 곤고함은 있지만 이마 가운데 부분이 도톰하고 눈썹뼈가 발달되어 자수성가가 가능하며 명예를 누릴 수 있다. 눈빛이 좋고 눈썹이 진하고 형태가 가지런하여 좋은 상이다.

치아가 크고 가지런하고, 색이 희면 총명하여 공부를 잘하는 관상이다. 턱이 좁은 듯하지만 길쭉한 편이고 턱의 운기를 보완할 입이 크다. 눈밑 애교살이 도톰하면 인기가 좋은 관상인데 눈이 맑고 애교살이 도톰한 편이다. 특히 팔자주름이 발달되어 활동력이 왕성하며, 권세가 있고, 출세하는 좋은 상이다.

오마바 대통령은 살 찐 체형이 아니므로 턱에 살이 부족하면 턱 면적이 좁아질 수 있다. 따라서 입과 턱의 살집과 탄력을 관리해야 한다. 관상학적 관리나 표정 근육, 운동 등에 의하여 관상은 변화할 수 있다. 체중 관리 및 운동을 병행하여 살이 늘어지거나 빠지지 않도록 근력을 강화할 필요가 있다. 지도자의 턱은 백성을 뜻하여 아랫사람을 상징하므로 이곳이 빈약하면 지지기반이 약해질 수 있다.

5. 시진핑 총서기

관상학적으로 두터운 수토(水土)형의 얼굴로 둥근형과 네모형을 혼합한 방원(方圓)형의 관상으로 지도자나 고위 공직자의 전형적인 관상이다.

눈이 가늘고 흐르는 강물처럼 길게 뻗어있어 귀한 관상이며, 코가 크고 반듯하다. 특히 콧대가 굵고 크고 쭉 뻗어서 대들보의 형국을 이루어 정국을 장악하는 능력이 매우 뛰어나다. 좌우 광대뼈가 코를 보완하여 사회적인 활동력과 국제적인 처세술이 뛰어나다. 시진핑의 콧날 위의 선명한 주름은 위기상황이 있었지만, 코의 기세가 강하면 위기를 기회로 바꾼 불도저식 인내력과 끈기를 상징하는 주름이다.

관상학적으로 살이 두터우면 융통성과 재복이 좋은 형태이다.

대통령의 상이 기업가의 상처럼 살이 있으면 자국의 이익을 우선으로 하는 사업가형 마인드를 가진 대통령이다.

입이 너그럽고 큰 편으로 스케일이 크며, 재복이 좋다. 얼굴의 앞면도 크지만, 옆면적도 넓어서 보기보다 복이 많은 행운이 따르는 얼굴형이다. 귀가 커서 장수할 가능성이 높다.

특히 관상은 표정근육에 의하여 변화한다. 스마일형 입 형태는 운기 상승을 의미한다. 관상학적으로 60세가 입의 운기에 해당한다. 따라서 60세 이후 운기상승을 예측할 수 있는데, 2013년 60세(한국 나이)에 중국 국가주석에 올랐다. 시진핑은 늘 입가에 은은한 미소 라인을 만들고, 행상(行相), 행위하는 몸짓도 모두 스스로 만든 형태이다. 절도가 있는 가운데 융통성을 가진 걸음걸이나 체상으로 살펴보면 감정적이기보다는 이성적이며 철저히 계산된 상태에서 행동을 해나가는 스타일이다.

전체적으로 내재된 살기가 많은 관상으로 대화와 융통성도 있지만, 살기와 압박형의 전략가이다. 턱의 말년 운기가 강하여 충분히 장기집권이 가능하다.

6. 아베 신조 총리

　관상적으로 이마에 긴 주름을 천문(天紋) 인문(人紋) 지문(地紋)으로 부르며 3개의 주름이 모두 길게 이어져 있으면 귀하게 되어 출세가 가능하다.
　아베 총리의 이마는 좁지만, 이러한 주름을 출세의 주름으로 사용하였다. 대체로 이마의 주름은 명예를 이루는 과정에서 고난과 역경이 따랐음을 뜻하며, 살기(殺氣)가 있는 명예를 뜻한다. 대체로 개혁적인 이미지, 체제 개선, 쿠테타 등으로 집권한 지도자의 경우 이마의 선명한 주름을 볼 수 있다. 따라서 아베 총리의 이러한 주름은 체제 개혁이란 의미에서, 극단적인 개혁 성향과, 극단적인 보수 성향 등을 의미한다.
　눈과 눈썹이 밑으로 내려오면 대체로 주변사람을 압박하는 스타일로 살기(殺氣) 많은 관상이다. 코가 크고 반듯하게 솟아서 자존심이 강하여 자신의 능력을 발휘하는 스타일로 과시욕이 큰 편이다. 인중이 뚜렷하고 길고, 눈썹이 진하면 체력이 강하고 장수하는 상이다.
　입은 그 사람의 대범함과 소심함, 감정과 이성, 스케일과 사업의 규모를 판단할 수 있다.
　입이 크면 통이 큰 편으로 마음도 넓고, 입이 작으면 스케일도 작고 마음 씀씀이도 작아진다. 작은 입을 가진 사람은 비끼면 오래가는 스타일이다.
　아베 총리의 입은 얼굴형에 비하여 매우 작아서 스케일이 큰 편은 아니고, 정국을 멀리보고 큰 포국을 하는 스타일은 아니다.
　광대뼈인 뺨은 관상학적으로 대인관계 주변 동료, 인맥 등을 상징한다. 관골이 볼록하게 솟지 않고 꺼져 있다. 또한 뺨에 주름이 있고, 점 등이 보이며 어두운 기운이 감돈다. 따라서 대인관계에 있어서, 정치적으로 적이 많거나 동료나 주변국과 우호적인 관계 형성이 잘 되지 않아 외교적인 문제점이 발생할 수 있다.

또한 팔자주름이 넓은 편이 아니라 일직선을 싹 뻗은 형으로 한 길만 가거나, 활동 반경도 자신이 익숙한 노선만을 추구하여, 융통성과 타협성이 약할 수 있는 단점이 있다.

종합하면 살기((殺氣)가 강하여 정국을 위기의식, 경직국면 등을 조성할 수 있는 지도자의 얼굴형이다. 현재 61세(한국 나이)의 운기는 입 밑의 부위에 해당하는데, 운기는 그다지 좋지 않아서 장기 집권은 힘들 것으로 예상된다.

7. 김정은 총비서

김정은 관상은 체중증가로 관상이 변하게 된 케이스에 해당한다. 실제로 성형이나 체중의 증가나 감소, 점과 주름의 변화, 목소리의 변화 등으로 관상은 변화하고, 변화한 관상학적 판단으로 사람을 관찰한다. 관상은 얼굴만 보는 것이 아니라 체형, 표정, 목소리, 행위 등을 종합적으로 판단한다. 관상학에서 눈은 영혼과 정신을, 코는 나 자신을 나타내는 중요한 부위이다.

김정은은 과도한 체중 증가로 얼굴 면이 넓어짐으로서, 상대적으로 코가 약해진 관상으로 변화했음을 추정할 수 있다. 따라서 얼굴형에 비하여 코가 작아지게 되면 능력이 약화되어 조직 장악력 대한 부분이 약할 수 있다.

더욱이 눈썹은 눈을 보호하는 기관으로 후원자 후견인에 해당한다. 눈썹 숱이 없거나 약한 사람은 대체로 정서적인 면에서 불안정한 면을 띤다. 김정은 후견인은 집권 초기에 장성택 라인이 했고 중국이 후견인 노릇을 하였다. 그러나 김정은의 눈썹은 김일성의 관상과는 전혀 다르다. 김정은에 비하여 김일성의 눈썹은 진하고 코는 기세가 있다.

관상적으로 눈과 코가 약해져 있으므로 독자적인 능력을 보완할 수 있는 이설주라는 부인을 동반하면 오히려 도움이 될 수 있다. CEO가 능력이 부족하면 보완할 수 있는 경영자급의 부하직원이 필요한 것과 같다. 그러나 이설주의 상은 수(水)형으로 관상궁합 차원에선 김정은의 상을 보완하지 못하는 한계가 있다.

눈의 형태는 가늘고 길고 흘러가는 모양새이므로 장점으로 볼 수 있지만, 체형에 비하여 과도한 체중 증가로 뼈와 살의 조화와 균형이 깨지므로 무리한 과시욕이나 욕심이 생길 수 있다. 입가 라인은 자꾸 처지고 있는 점도 말년 운기의 하락으로 볼 수 있다.

관상학적으로 눈썹은 30대 중반까지의 운을 주관하고 있다. 눈썹이 안 좋으면 이 시기에 운기가 다운된다. 김정은은 체중조절과 눈썹의 형태를 변화하여 운기를 보완 조치해야 한다.

8. 신동빈 회장, 롯데그룹

신동빈회장의 상은 이마가 반듯한 귀공자형의 CEO상이다. 관상학에서 재물복의 정도를 가늠하는 곳인 눈, 코, 입 귀를 체크한다. 소부(小富)는 복코로서 재복을 체크하지만, 하늘이 내린 대부(大富)는 하늘의 창고와 땅의 창고를 관찰해야 한다. 천창(天倉)과 지고(知庫)는 얼굴의 좌우 이마와 턱의 가장자리(모서리) 부분이다.

이마의 가장자리에 하늘에서 물려받은 재물복의 자리가 있는데, 신동빈회장의 경우는 천장이 꽉 찬 형국으로 대부(大富)를 논할 수 있는 좋은 관상이다.

눈이 크고 튀어나와서 소심한 스타일이 아니라 적극적인 자기 주장과 경영법을 펼치는 타입이다. 광대뼈와 뺨이 잘 발달되어 대인관계와 인맥이 좋으며, 대단히 사교적이다. 입이 크고 분명하여, 스케일이 크며 시원한 성격이다. 공격적인 마케팅 전략이 어울리고, 빠른 변화에 대처하는 경영노하우와 관상학적으로 해외나 활동력에 해당하는 역마궁이 발달되어 해외시장, 유통분야에 뛰어남을 보인다. 특히 눈 밑에 애교살이 도톰하여 인기가 많은 편이며 사업적인 성과도 기대할 수 있다.

관상학적으로 입이 크고 입술이 두꺼운 사람은 정감이 있는 스타일로 마음을 주거나 신뢰를 바탕으로 하는 관계에서는 전폭적인 지원을 하는 타입이다. 미간에서 시작되는 콧대의 시작점이 좁아지면 위기의식이나 경영승계의 불안정한 면을 가질 수 있다. 또한 눈썹이 약하면 후견인이 보호가 약해질 수 있다. 따라서 눈썹의 보완과 미간을 인상근육이 생기지 않도록 주의를 기울여야 한다. 오른쪽 뺨의 점은 주변 인맥 중에 시기 질투의 대상이 되거나, 사업상 경쟁관계의 구도 속에 놓이게 되는 기운을 불러 일으킴다.

현재 60세(한국 나이)로 입의 운기에 해당된다. 기세가 있고 커다란 입이다. 올해는 회사의 확장, 경영의 다변화 등을 추구하는 좋은 운이다. 그러나 눈썹과 미간의 뒷받침이 약하여 정점을 찍지 못한 면이 있으나, 현재 운기는 상승 중이다.

9. 박용만 회장, 두산그룹

박용만회장의 관상은 상중하의 삼정이 균등하고, 눈빛이 가지런한 선비형 스타일의 CEO상이다. 문화와 교육 분야 등이 잘 어울리는 교양미를 갖추고 있다.

눈이 크면서 길게 뻗어 나가며, 눈빛이 맑고 깨끗하다. 이마로부터 코의 기세가 반듯하게 뻗어 나와서 콧망울의 기세가 살아있는 재복 좋은 코의 상이다.

광대뼈와 뺨이 도톰하여 사회적으로 협조관계가 잘 이루어지고 있으며, 주변에 사람이 많이 따른다.

관상학적으로 귀는 채청관(采聽官)에 해당하여 소리를 잘 경청하는 기능을 가진다. 귀는 얼굴 정면이 아니라 측면에 위치하여 앞에서 볼 때 잘 보이지 않아야 한다. 또한 귀의 크기가 큰 사람은 소통과 공감능력이 뛰어난 지혜로운 사람이다. 정면에서 볼 때 당나귀 귀 모양이거나, 쪽박귀의 형태로 귀가 잘 보이는 사람은 경청하는 기술이 약한 편이어서 주로 자기주장이 강한 편이다. 반대로 박용만 회장의 귀는 정면에서 보면 잘 안 보이지만 귀는 반듯하게 큰 편으로, 소리를 듣는 기능이 발달되어서 정보력이 좋고, 경청과 공감 능력도 탁월하다. 또한 턱의 면적이 넓고 U자형의 둥근 턱 모양으로 부하직원과 관계도 원만하다.

문화사업, 레저, 인터넷, 이미지 광고, 교육사업, 정보력을 기반으로 하는 사업 분야 등이 잘 어울린다. 원만한 처세술과 뛰어난 대인관계와 경청능력 등이 뛰어나다. 현재 60세(한국 나이)로 입의 운세에 있다. 선명하고 밝은 입술색은 운기의 체크 포인트다. 혈액순환과 건강에 신경만 쓴다면 좋은 운기를 충분히 누릴 수 있다.

크고 긴 코와 광대뼈가 적절한 균형을 이루어서 원만한 대인관계 속에서 자신의 능력을 발휘할 수가 있다. 눈빛이 부드럽고, 얼굴의 형태가 부드럽고 완만한 라인을 띠고 있어, 힘을 바탕으로 하는 제조업 분야보다 연구, 기획, 아이디어, 서비스, 영업 분야가 더 잘 맞는 관상이다. 한마디로 기술 제조 분야의 무관형 스타일이 아니라 문서, 기획력을 바탕으로 한 문관형의 관상이다.

관상학에선 코를 나 자신으로 보고, 코가 대들보처럼 크고 솟아서 기세가 있으면, 스스로의 역량을 잘 발휘할 수 있다. 코를 중심으로 한 옆 라인인 광대뼈는 가까이서 나의 도와주는 인맥(좌보우필)과 협조자인 대인관계로 살펴볼 수 있다.

광대뼈 옆에 있는 귀는 멀리서 나를 보좌하고 도와주는 협조자, 귀인(貴人)으로, 해외의 인맥이 잘 도와주는 관상이다.

특히 귀가 크고 길고, 귓밥이 두툼하여, 재복이 좋으며, 주변의 인덕이 해외에까지 뻗치는 관상이다.

얼굴색이 빛나고 윤기 있는 광채의 관상을 띠고 있다. 2014년 운기 상승을 예측할 수 있다.

10. 신헌 대표, 롯데쇼핑

이목구비가 코를 중심으로 잘 모여드는 상으로 인복(人福)이 좋은 얼굴이다.

눈썹이 눈에서 높게 위로 붙어있고, 일자형의 둥근라인으로 눈을 잘 감싸고 있어서, 주변의 신임이 두텁다.

코를 중심으로 얼굴에 있는 5개의 산(이마, 좌광대뼈, 우광대뼈, 턱, 코)이 잘 모여드는 상으로 인복이 좋은 얼굴이다.

관상에서 이마는 윗사람, 턱은 아랫사람을 뜻하며, 광대뼈는 주변 동료와 이웃인데, 이들이 코를 포위하여 감싸주는 관상이다. 윗사람과 회사 직원들이 모두 잘 따르며, 돕고 있는 상이다. 얼굴 면적에 비하여 코는 아주 크지 않지만, 주변의 이마와 턱과 광대뼈가 잘 감싸고 있어, 개인의 특출한 능력 발휘보다, 조직의 시스템을 활용하여, 주변과 조화를 잘 이루는 관상이다. 따라서 같은 업종이나 회사의 제휴, 주변의 협력, 컨소시엄 형태의 사업이 성과가 있을 것으로 보인다.

또한 눈썹이 가지런하게 눈을 잘 감싸고 보호하는 상으로, 윗사람의 신임이 두터운 편이다.

11. 정기영 삼성경제연구소장

입꼬리가 '미소라인'을 띠듯이 살짝 올라가 있어 운기(運氣)의 상승 곡선이다.

스마일 입 모양은 현재 볼륨 업(up), 우는 입 모양은 운기 다운(down)이다.

코가 크고 솟아 있고, 입이 잘 감싸고 있어 코(나자신)인 산(山)을 입의 강(江)이 잘 감싸는 복이 많은 관상이며, 턱이 견고하여 아랫사람이 잘 보필하여 받혀주는 길한 관상이다.

올해 60세를 맞이하는 나이대의 운기를 살펴 볼 때는 관상학적으로 입을 본다. 입은 관상적으로 수성(水星)이라고 부르며, 관상학의 유년운기(부록: 얼굴의 나이별 위치 참고)에서 60세에 해당한다. 60세는 입을 관찰하여 운기를 판단한다.

동양학에선 수(水)를 오상(五常)중에서 지혜(智)로 본다.

업무의 특성상 경제 전망, 자료 분석, 경영진단 등 머리를 쓰는 분야, 즉 지혜를 활용하는 연구 분야의 오너인 연구소장에 잘 어울리는 관상이다.

관상학에선 우리 얼굴의 오목하게 들어간 부분을 강(江)이라고 부른다. 눈, 코, 귀, 입을 4곳의 강으로 보는데, 그중에서 입구멍이 가장 크다고 해서 물의 별이라는 수성(水星)으로 부른다.

코가 두툼하여 재복이 많으며, 크게 솟아 있는데, 나 자신인 코를 입이란 강(江: 지혜 조사연구)이 잘 감싸고 있다. 또한 턱이 두텁고 견고하여 아랫사람이 잘 보필하여 도와주고 받쳐주는 복이 많은 관상이다.

특히 60세에 해당하는 입꼬리가 올라가는 '미소라인'을 띠고 있어 2014년의 운기가 상승할 것으로 예측된다.

12. 심상배 대표, 아모레퍼시픽

눈썹(안미: 雁眉)이 힘차게 뻗어 눈을 잘 감싸고 있어, 올해 진취적이고 적극적인 경영으로 성과가 있어 보인다.

코가 기세가 있고, 광대뼈가 잘 감싸주고, 입이 크고, 치아가 발달되어, 자기 능력을 잘 발휘할 수 있는 좋은 관상이다.

코의 기세가 미간까지 뻗고 있고, 광대뼈가 도톰히 올라오고, 입이 크고, 치아가 발달되어, 능력 발휘가 되는 좋은 관상이다. 광대뼈가 있는 얼굴의 옆면이 튀어나오고 넓어 보이는 상이다. 이런 관상은 경영에 대한 열의가 많아 현장을 직접 챙기고, 발로 직접 뛰는 스타일이다.

눈썹이 높게 올라가서 기러기가 힘차게 날갯짓을 하는 안미(雁眉) 형태의 귀한 눈썹으로 눈을 잘 감싸고 있다. 이러한 눈썹은 대체로 진취적이고 적극적인 경영으로 성과를 보여주는 좋은 관상이다.

13. 남윤영 대표, 동국제강

균형이 잘 잡힌 관상으로 눈빛이 좋고, 이마가 반듯하고, 턱이 두툼하고 넓어서 복스럽게 생긴 관상이다.
입술이 두텁고, 입술선이 뚜렷하여, 60세의 입의 운기가 좋은 결과를 가져올 상이다.

균형이 잘 잡힌 관상으로 눈빛이 좋고, 이마가 반듯하고, 턱이 두툼하고 넓어서 복스럽게 생긴 관상이다. 관상학적으로 윗사람의 신임이 두텁고, 아랫사람이 따르는 좋은 상이다. 특히 입술이 두텁고, 입술선이 뚜렷하여, 책임감이 강하며, 스스로 한 말에 대한 약속은 지키려 하는 스타일이다. 2014년 말띠 해는 입술에 해당하는 나이인 60세이므로 그동안의 노고에 대하여, 성과나 결과가 보이는 한 해가 될 것으로 예상된다.

14 정철길 대표, SK C&C

코의 기세와 콧방울이 두텁고 기세가 있어 재물복이 많으며, 힘있게 밀어붙이는 관상이다.
미간이 도톰하게 발달되었고, 광대뼈가 높고 힘이 있어, 어려운 역경이 있어도 주변 사람의 도움이 있으며, 스스로의 능력과 의지로 잘 헤쳐 나갈 수 있는 전문경영인의 좋은 관상이다.

이마의 면적이 넓진 않지만, 코가 기세가 있고, 미간이 도톰하게 발달되어 있으면, (이마가 좁으면 초년복이 미약하지만) 의지가 강하며, 불굴의 정신으로 어려움을 개척하여, 성공하는 관상이다.

특히 콧방울의 기세는 강한 추진력과 힘을 나타내는데, 관상학적으로 말처럼 역동적으로 뛰어다닐 수 있는 폐활량을 측정하는 곳이며, 재물복을 나타내는 곳이다.

코를 도와주는 광대뼈가 볼록하게 발달되어 스스로의 노력과 열정으로 주위의 도움과 인맥을 만들어내는 전문경영인의 좋은 관상으로 자수성가형 스타일이다.

15. 박정부 회장, 다이소

박정부 회장의 관상은 눈과 눈썹, 귀가 매우 좋다. 잘 뻗은 궁미(弓眉)형 눈썹이 청아한 눈을 감싸주고 있어서 일처리 능력이 뛰어나다. 또한 귓불이 두텁고, 귀가 커서 덕성이 좋은 편이다. 전체적으로 온화한 이미지로서 눈빛이 일품이다.

관상학적으로 귀는 채청관(采聽官)에 해당하여 소리를 잘 경청하는 기능을 가진다. 특히 귀가 좋으면 소통과 대화면에서 유리한데, 해외에서 귀인(貴人)을 만나거나 외국 인맥이 더 유리하다. 엄격하지만 온화한 눈빛은 강유(剛柔)를 겸전하는 상으로, 후덕한 인품과 함께 단호한 카리스마도 지니고 있다. 협력회사와 공생개념의 기업윤리관으로 납품업체를 설득하는 능력이 탁월하다.

특히 눈과 눈썹 사이, 눈두덩이가 두텁고 넓어서 프랜차이즈 형태의 체인점 사업이 유리하다. 해외 프랜차이즈 사업과 인문 교육, 통신 사업도 좋은 관상이다.

2016년 한 해의 운은 원가 절감이 이슈가 될 것으로 보인다. 내실 경영과 협력업체의 다각화전략이 필요해 보인다.

16. 정용진 부회장, 신세계그룹

정용진 부회장의 관상은 이마의 길이가 매우 높고, 코의 기세가 강하고 턱이 다부진 관상이다. 이마가 좋은 경우에는 초년복이 좋은데, 조상과 부모의 강력한 지지와 도움을 얻을 수 있다. 코의 기세와 좌우 콧망울이 좋아서 부귀(富貴)를 축적할 수 있는 상이다.

정부회장은 속쌍꺼풀이 있는 눈매이고 눈이 시원하게 생겼다. 이런 관상은 대체로 오픈마인드형의 경영스타일로 따뜻한 정도 갖고 있다.

턱이 넓고 단단하여 말년 복이 좋으며, 의지가 굳건한 소신형 스타일이다. 입이 크면 마음도 넓고 스케일이 큰 편인데, 60대 이후 계열사의 확장과 다양한 사업 분야의 확장이 예상된다.

2016년 정 부회장의 운기는 강한 편이다. CEO로서 능력을 발휘하며, 재물 축적과 지분 확보 등 개인적인 재물복은 매우 유리한 운이다. 그러나 경쟁업체, 협력업체 등의 관계는 다소 돌발변수가 예상되며, 주의가 필요하다. 결재권, 문서의 보완이나 처리 문제로 일이 지체되거나 늦어질 것으로 보인다.

17. 이재용 부회장, 삼성그룹

타고난 귀공자형으로 이마가 넓고 눈썹이 진하며 눈을 잘 감싸고 있다. 또한 코를 중심으로 적당히 솟은 광대뼈와 턱 라인이 전체적으로 조화를 이루고 있다. 이러한 관상은 타고난 조직력의 도움과 인맥과 인복이 많다. 이재용 부회장은 눈이 크고, 눈에 비하여 입이 작은 편이므로 감정적인 면과 이성적인 면을 동시에 갖추고 있다. 한마디로 조화와 균형이 잡힌 얼굴이다. 진취적이고 공격적인 경영과 내실을 다지는 안정적인 경영도 모두 소화 가능한 관상이다. 관상학적으로 CEO의 광대뼈는 좌보우필할 경영진의 역량을 체크하는 장소이다. 이 부회장은 광대뼈가 발달되어서 조직력과 경영진의 뒷받침이 좋은 편이다.

2016년 48세의 운은 코의 운기에 해당되며, 코는 스스로의 능력과 재물복을 나타내는 장소이다. 올해는 CEO로서 본격적인 경영활동의 운이다. 사세 확장보다는 보수 안정형으로 경영긴축정책을 추구할 경향성이 높아 보인다.

CEO의 관상학적 운기 보완을 위해서는 실제 업무를 수행하는 경영진의 관상이 더 중요하다. 좋은 관상을 가진 부하직원이 필요한 시점이다.

18. 반기문 총재

반기문 총재의 상은 관직운을 상징하는 이마가 크고 반듯하며, 청수한 학자형의 귀한 관상이다. 특히 눈과 눈썹 사이의 거리가 멀어서 일반인에 비하여 눈썹이 높게 붙어 있다. 눈썹이 높으면 출세와 명예가 높아지는 관록운이 좋은 관상이다.

이마 옆면의 역마궁이 잘 발달되어 초년에 출세하며, 일찍이 해외와 인연이 있으며, 해외 활동력이 행운을 가져다준다. 높지도 낮지도 않은 적당한 코 사이즈는 중용과 조화를 중시하며, 상대를 배려하는 리더십을 가진 관상이다.

입이 단정하고 야무지게 생겨서 생각 없이 말하는 스타일은 아니다. 생각하고 움직이는 스타일이고, 코가 기세는 단단하고 결심이 서면 밀어붙이는 추진력도 왕성하다. 전형적인 외유내강형의 지도자형으로 학자형 관직자의 관상이다.

2016년 올해 운기는 관운(官運)이 상승세에 있다. 주변 사람들과 후원자의 적극적인 협조가 따르며 정치적인 활동력이 왕성할 것으로 예상된다.

19. 박원순 시장

박원순 시장은 수목(水木)형의 관상으로 경제적인 현실감각도 있으면서 선비 스타일의 교육자형이 가미된 이미지이다. 눈은 가늘고 눈꼬리가 아래로 처진 형태이다. 이런 관상은 의지가 강하고 소신을 굽히지 않는 강한 카리스마를 갖고 있다.

눈썹이 눈을 잘 감싸주고 광대뼈가 발달되어 있고, 팔자주름이 매우 강하게 뻗어 있다. 눈썹과 광대뼈는 나를 지지해주는 협력자와 인맥을 상징하고, 팔자주름은 왕성한 활동력을 상징한다.

관상학에서 이마는 명예를 상징하는데, 이마의 주름은 끊어지지 않고 길게 이어진 주름을 길(吉)하게 본다. 박시장의 이마에는 굵은 주름이 있는데, 왼쪽 가장자리의 주름이 끊어져 있어서 명예나 명분에 손상이 생길 수 있는 단점이 있다.

2016년의 61세의 운은 턱의 운기에 해당되므로, 턱의 살집이 중요하다. 관상학에서 이마는 조상과 윗사람, 턱은 자손과 아랫사람을 뜻한다. 올해 턱의 살이 빠지거나 색이 나쁘면 아랫사람의 실책에 의하여 운이 반감될 수 있으므로 주의가 필요하다.

20. 손석희 앵커

　손석희 앵커의 관상은 수려한 맑은 이미지를 띠고 있다. 이마는 반듯하고, 코는 가지런하고, 피부와 목소리의 상이 매우 좋다.

　관상학적으로 피부색과 목소리는 운기를 반영한다. 맑고 청아하면 부귀하며 행운이 따르는 관상이다. 특히 인중이 뚜렷하고 길며, 입이 얇고 단정하다. 입이 얇으면 냉정하며, 스스로 감정 컨트롤을 잘한다. 인중은 코와 입의 전달 통로이다. 인중이 뚜렷하면 소통능력이 뛰어나며, 언어전달이 분명하고, 식록복이 좋은 편이다.

　관상학적으로 눈 밑 애교살을 인기성으로 보는데, 손앵커의 애교살은 매우 도톰하고 눈이 맑아서 연예인 이상의 인지도를 누리고 있다.

　2016년의 관상학적 운기는 상승운이다. 왕성한 활동력으로 인기와 명예복은 더 좋아질 것으로 보인다. 다만 얼굴의 점과 사마귀가 많아서 주변 환경 변화나 동료의 실책, 사소한 오해 등으로 구설수에 오를 가능성이 있어 보인다. 귀가 드러나는 짧은 머리의 헤어스타일이 올해 운기 보완의 필수조건이다.

21. 김정주 회장, 넥슨

김정주 회장의 관상은 한마디로 창의적인 아이디어로 이름을 떨칠 수 있는 타고난 부자의 관상이다. 얼굴에 비해 상대적으로 이마가 넓고 특히 콧망울이 도톰하여 재복이 좋다. 관상학적으로 좌우 콧망울은 재복창고를 상징하는데 김회장의 콧방울은 그 기운이 매우 강력하다.

일반인의 미간 넓이에 비하여 김회장의 미간은 특이할 정도로 넓게 발달되었고, 눈썹뼈가 솟아있다. 대체로 눈썹뼈가 튀어나오면 자수성가로 성공하게 된다. 미간이 넓으면 생각의 폭이 다양하고, 매우 넓으면 상식을 넘어서는 창의성과 튀는 아이디어를 가진다.

관상학적으로 콧대가 높으면 자존심이 강하다. 김회장의 콧대는 다소 낮은 편이어서 권위를 앞세우는 CEO스타일은 아니고 언론에 자신을 잘 내세우는 타입도 아니다. 눈이 맑고 순수해서, 아이 같은 해맑음을 갖고 있는 소탈한 휴머니스트형 CEO이다.

2016년의 운기는 탄탄대로이며 자산 증식과 주식가치의 상승세는 계속 이어질 전망이다. 올 하반기에는 새로운 경영스타일이 등장하거나, 사업의 다각화 내지 구조조정의 변동운이 예상된다.

22. 이건희 회장, 삼성그룹

이건희 회장의 전형적인 귀공자형의 재물복 좋은 기업가의 상이다.

관상학에선 사람의 상을 5종류로 구별하여 오행형으로 나누는데, 이건희 회장의 관상은 수토(水土)형이다. 토형(土形)은 살집이 넉넉하며, 가슴과 등이 두터운 형태이며, 행동거지가 과묵하다. 때로는 거북이 등처럼 살집이 살짝 올라와서 목이 짧은 듯이 보이기도 한다.

수형(水形)은 얼굴이 둥글둥글하며, 키가 작은 편이며, 눈이 둥글고, 살이 풍성하다. 수형인은 머리가 좋아, IQ가 높으며, 경제 경영의 실속 지향형으로 재물복이 좋으며 부자의 상이 많다. 이 회장의 상은 이러한 수토형의 기운을 동시에 가지고 있어서 대표적인 부호의 관상으로 꼽을 수 있다.

이건희 회장의 얼굴은 이마가 넓고, 턱으로 내려 갈수록 살이 두툼하게 발달되어 얼굴 면적이 넓어지고 있다. 관상적으로 이마는 초년복을 나타내고 턱은 말년복과 땅을 나타내니, 부동산복도 좋은 기업가의 상이다.

특히 턱부위로 갈수록 얼굴 면적이 넓어지고 있어 50대 이후 비약적인 발복을 이룰 관상이다.

관상적으로 얼굴의 아래 면적이 급격히 넓어지면 욕구가 많아지게 되어, 진취성을 보이는데 기업가로선 의욕적인 경영 경제 활동을 할 수 있어서 이 시기에 급격한 발전이 있게 된다.

1993년 6월 '프랑크푸르트 선언'으로 잘 알려진 삼성의 신경영 구상은 관상학적으로 이 회장의 나이 50대에 들어서는 시기이다.

얼굴에서 귓밥 옆의 살집이 턱 쪽으로 내려갈수록 얼굴 면적이 급격히 넓어지고 있다. 인중의 나이가 51세이므로, 이 시기 이후 삼성의 급격한 발전을 예상할 수 있다.

입이 얇고 작으면 냉정하며 이지적이다. 상대적으로 입이 두툼하고 크면 감정적이며, 대범하다. 이회장의 입술은 얇으면서 벌리면 큰 입의 형상이다. 냉철한 판단력과 통 큰 사업구상이 가능하다. 입을 다물면 작아 보이나 열면 큰 입을 좋은 관상으로 친다. 귀 역시 두툼하여 재복이 좋아보이는 상이다.

얼굴의 형태는 눈, 코, 입, 귀의 조화가 중요한다. 관상적으로 코(鼻)는 나 자신을 나타내는데, 코가 얼굴에 비하여 살짝 작은 듯이 보인다. 코는 12궁 가운데 건강과 질병궁에 해당한다. 그러나 이를 보좌해 주는 이마와 턱과 관골이 코를 잘 감싸주고 있어서, 오너 능력을 받혀주는 회사의 조직 시스템 구축이 잘 되어 있는 것으로 여겨진다.

관상으로 살펴본 올해 2014년 운세: 삼성은 올해 조직력의 안정화를 꾀하며 그룹을 시스템화시키는 구조조정 형태로 나갈 것이다.

신규사업의 확장보다는 내실을 다지는 형태의 안정적인 흐름을 유지할 것으로 예측된다.

23. 정몽구 회장, 현대자동차

　정몽구 회장의 관상은 불굴의 정신력으로 고난극복형의 리더쉽을 가진 자수성가형 기업인의 상이다.
　관상학에선 두상(頭相)이 큰 사람을 대체로 우두머리나 지도자의 상으로 보는데, 얼굴이 갸름한 사람은 대체로 창의력이 많은 스마트한 두뇌형, 또는 학문형으로 분류하고, 얼굴이 큰 사람은 많은 대중을 먹여 살리는 맏이나, 우두머리형으로 나누고 있다.
　현대가에서 가장 얼굴이 크고 넓은 사람이 정몽구 회장이다. 이마가 울퉁불퉁하여 초년에 다소 곤궁함과 수고로움이 따르지만, 눈썹뼈가 발달되어 솟아 있어 반드시 크게 대성하는 관상이다. 작은 눈이지만 눈빛이 강하며, 영롱한 눈빛이 잘 감추어져 있어 상격의 눈의 상을 갖고 있다.
　미간과 눈썹뼈는 강한 추진력과 의지력, 정신을 보는 곳이다. 눈썹은 형제궁을 보는 곳인데, 눈썹의 털이 섬세하고, 숱이 진하지 않아서, 형제의 도움이 많지 않은 편이다. 형제간의 불협화음이 발생할 수 있지만, 약한 눈썹의 운기를 도톰한 미간과 눈썹뼈가 보완하고 있다.
　코가 대들보 형태로 기세 있게 뻗어 있어서 이러한 어려움을 극복하고, 발복하게 되는 관상이다.
　눈썹 털이 연하고 약하나, 눈썹뼈가 도톰히 솟고, 콧날이 우뚝한 대들보형으로 위기를 기회로 삼는 인내력과 추진력 강한 면을 보인다.
　이마의 주름은 명예를 이루는 과정에서 고난과 역경이 따랐음을 뜻하며, 콧날위의 선명한 주름은 위기를 기회로 바꾼 불도저식 인내력과 끈기를 상징한다. 전형적인 복이 많은, 크고 두툼하여 재물복이 많은 코를 타고 났으며, 턱이 넓고 견고하여, 말년복이 좋은 타입으로 노년의 검버섯은 장수를 의미한다.

대체로 마음 먹은 일은 꼭 해내는 성격이며, 힘과 추진력이 좋으며, 밀어붙이는 경영형 스타일로 전형적인 재물복 많은 기업가형이다.

관상으로 살펴본 올해 2014년 운세: 기존 사업을 업그레이드 시켜 가동하는 한해가 될 것이나, 사소한 마찰음이나 언론이나 여론(구설수)등을 다 독인다면 순조로울 것으로 추정된다.

24. 구본무 회장, LG그룹

너그럽고 후덕한 관상으로 덕성이 많으며, 내면의 본심을 잘 표출하지 않지만, 예술과 철학, 인재양성의 교육가적인 지성미를 갖춘 기업인의 관상이다.

전체적으로 얼굴이 균형이 잘맞아 조화롭고, 둥근형의 턱라인은 후덕함과 말년복이 더욱 증가됨을 의미한다. 입이 다소곳하고 크지 않아서 속마음을 잘 드러내지 않는 편이다. 귓불에 살이 넉넉하고 두터워서 심성이 좋다.

관상학적으로 이마에 끊어진 주름은 마땅치 않으나 한일자로 길게 이어진 수름은 명예와 지혜로움을 뜻한다. 따라서 학문이나 교육, 인재 양성에 주력하며, 섬세한 두뇌형으로 삼국지에 나오는 덕장인 유비형 스타일에 비유할 수 있다.

외유내강형의 대표적인 기업가로서 부귀인(富貴人)의 삼박자를 고루 갖춘 상으로 선대의 정신적 물질적 유산을 잘 승계하여 유지 발전시킬 수 있는 귀한 상이다.

얼굴이 조화롭고 균형이 잘 갖추어져 부귀인(富貴人)의 상으로 명예복, 재물복, 인복을 타고난 귀한 관상이다. 전체적으로 부드러운 이미지이다. 귓불이 두터워 심성이 후덕하고, 이마에 있는 긴 주름은 권위와 명예, 지혜의 주름을 상징한다.

관상으로 살펴본 올해 2014년 운세: 올해는 위기를 발판으로 삼아 기업 경영의 혁신을 강조하고, 교육, 인재 양성에 주력하는 한해가 될 것이다. 전반적인 경영체제의 재정비를 통하여 과감한 혁신 경영을 꾀할 것으로 보인다.

25. 김승연 회장, 한화그룹

김승연 회장의 얼굴은 전체적으로 조화와 균형을 이루어 선천적으로 타고난 집안의 가세를 잇는 보스형 CEO상이다.

이마가 둥글고 넓으며, 눈은 크고 둥근 편이며, 눈빛이 강하여, 총명하고 카리스마 넘치는 관상을 갖고 있다. 콧날이 잘 뻗어서 이마와 턱을 잘 받치며, 콧방울이 발달되어 재물복이 많은 부자의 상이다.

이마가 잘 발달되어 있고, 눈빛이 강하여, 추진력이 강한 상이다. 마음먹은 것은 바로 실행으로 옮기며 두뇌와 행동력이 발달되어 민첩하며, 상황에 따른 대응 능력이 뛰어나며, 두뇌형과 행동력이 잘 조합된 귀한 상이다.

관상학에서 이마는 양기(陽氣)인 화(火)를 뜻하는데, 이마가 넓어서 화기(火氣)가 넘치고, 또한 눈빛인 광채가 갈무리 되지 못하고 간간히 밖으로 표출되어, 솔직하고 활달한 성격이 오히려 구설수나 관재(官災)로 바뀌기도 한다.

명예와 자존감이 강하고, 진취적이며, 솔직하고 대담한 성격으로, 다양한 창조적 에너지를 타고 난 부호의 관상이다.

이마가 넓고 둥글며, 콧방울이 단단하고 두터워 재물복이 많으며, 이마와 눈빛의 기세가 강하여 솔직하고 활달한 성격으로 액티브한 관상이다.

관상으로 살펴본 올해 2014년 운세: 상반기는 다소 침체된 상황으로 경영상의 어려움은 있어 보이지만 하반기 이후는 변동수가 강해지고, 합작, 통합 등으로 실속 위주의 경영 체제로 상황이 호전될 것으로 보인다.

26. 최태원 회장, SK그룹

최태원 회장의 관상은 살집이 너그럽고 후덕한 상으로 귓불이 둥글고 크고, 피부가 얇지 않고 두터워서 재물복이 오래가며, 매사 서두르지 않고 느긋한 편이다. 그러나 얼굴에 비해 눈썹의 두께가 가늘어서 간간히 성급한 성격도 보인다. 미간의 넓이와 코의 기세로 보아 가업의 후계구도를 무리없이 이어받을 상으로 보여진다.

관상에서 턱과 입은 나를 받혀주는 아랫사람과 부하직원을 뜻하는데, 두툼하고 육감적인 입은 냉정하고 계산적인 스타일이 아니라, 스케일이 큰 타입으로 대체로 아랫사람에게 너그럽고, 정이 많아서, 부하직원에 의한 구설수나 믿는 만큼의 성과가 나오지 않을 수도 있다.

얼굴에 비하여 눈썹산의 각이 많이 올라가 있어서, 예술성이 강하며, 감각적이며, 때로는 여성적인 감성미나 예민함도 갖추고 있다.

최 회장의 상은 체중이 너무 증가하면 지체나 정체 현상이 나타날 수 있으니, 이때는 눈빛의 강약으로 조절하거나, 체중을 줄이면 막혔던 운이 살아난다.

특히 눈의 형태가 아몬드형으로 눈꼬리가 길게 뻗어 있어, 몸과 마음의 정기(精氣)가 흐르는 관상이므로 일시적으로 운이 막힌다 하더라도, 자연히 풀리게 된다.

피부가 얇지 않고 두텁고, 귓불과 코에 살이 풍부하여 재복이 좋으며, 눈썹라인이 높게 올라갔다. 입술이 육감적으로 두꺼워 아랫사람에게 정이 많고 감정적이며, 통이 큰 후덕함을 보인다.

관상으로 살펴본 올해 2014년 운세: 막혔던 운기가 차차 회복될 것으로 보이며, 교육 재투자, 개인적인 재물복이 감소되지만, 해외 합작, 멀리 해외에서 귀인(貴人)이 와서 돕게 되는 상황이 발생할 것으로 추정된다.

27. 이재현 회장, CJ그룹

이회장의 관상은 전형적으로 재복 좋은 현담비의 상으로 코끝이 둥글고, 콧망울이 두툼하다. 또한 살이 적당한 탄력과 후덕함을 가지고 있어, 전형적인 재복 좋은 CEO의 관상을 타고 났다.

미간이 넓은 편이나, 이마의 헤어라인이 깨끗하진 않아서, 초년에 가업 승계의 어려움이 따르지만, 이마가 반듯하여 밝은 기운을 나타나고, 살집이 적당한 균형을 이루어 귀한 관상이다. 눈이 둥글고 큰 편이어서 감정이 풍부한, 예술적인 감각이 뛰어나다. 부드러운 가운데, 강직한 성품으로, 외유내강한 모습을 띄고 있다.

관상적으로 얼굴의 살집은 수기(水氣)로서 재복을 상징한다. 따라서 거부의 상은 살집이 어느정도 있는 것이 좋다. 여기에 살이 늘어지지 않고, 탄력이 있으며, 혈액 순환이 잘되어 밝은 기색을 띠게 되면 운이 상승하게 된다.

 그러나 살이 빠지고, 주름이 잡히고, 처지게 되면 재물 복도 새어 나가게 된다.

 이 회장은 최근에 건강상의 이유로 살이 줄고, 눈과 턱에 주름이 잡혀서 탄력을 잃고 있어서, 재복이 다운되는 형태를 보이고 있다.
 또한 관상에서 이마는 명예와, 권위, 지위를 의미하는데, 이회장의 헤어스타일이 예전과 달라져 이마의 면적이 좀 더 협소해 보인다.
 특히 눈 밑의 살집은 내가 이룬 성과물을 나타내며, 이마는 윗사람의 후원과 아래의 턱은 부하직원의 보필을 의미한다. 적당한 운동으로 피부의 탄력을 보완하고, 이마를 드러낸다면 코의 기세가 다시 살아나게 될 것으로 보여진다.
 코의 형태가 현담비를 이루고, 살집이 두터운 재복 좋은 관상으로 전형적인 외유내강형의 CEO의 상이다.

 관상으로 살펴본 올해 2014년 운세: 부동산과 재산의 손재(損財), 건강과 체력이 저하되는 운이지만, 곧고 두터운 코의 기세가 여전히 뻗치고 있어서, 회복이 가능할 것이다.

부록: 관상의 기초이론

· · ·

　관상학(觀相學, physiognomy)은 인간의 형태와 외면을 관찰하여 개인의 성격, 가족관계, 운명 등을 파악하는 학문이다. 관상학은 얼굴과 골격, 체상 등과 함께 피부에 나타나는 기색(氣色) 등을 관찰하여 사람의 성격과 운명을 추론한다. 그 외에 주름, 사마귀, 점, 흉터, 모발, 손과 발의 형태, 신체의 특징과 행동, 목소리 등을 세밀하게 파악한다. 대분류 방법으로 면상(面相)·골상(骨相)·수상(手相)·행상(行相)·찰색(察色) 등이 있고 소분류법으로 耳目口鼻(눈, 코, 입, 귀,)와 눈썹, 피질, 배꼽, 가슴, 모발과 수염 등의 형태를 살펴보는 방법이 있다.

　관상학(인상학)은 단순히 형태(大小偏正)만 관찰하는 것이 아니라 개인의 행동과 태도, 말씨와 먹는 모양, 걸음걸이, 앉거나 누운 모양 등을 관찰하여 각 개인의 특징을 유추한다. 오장육부에 따른 건강과 운기를 기색(氣色)을 통하여 관찰하고 심상(心相: 마음)을 헤아려 인간의 운명을 판단한다.

1. 관상학이 왜 필요한가

　동서양 모두 관상학(인상학)이 발달하였으며, 얼굴의 이목구비(耳目口鼻), 체형, 얼굴의 표정, 눈빛, 행위 하는 모습 등을 총괄적으로 관찰하여 사람의 운명을 종합적으로 판단하였다. 동양은 예로부터 인재 등용의 한 방법으로 관상학을 도입하였으며, 제왕지학(帝王之學)으로 불렸다.
　현대에는 인사 행정관리, 심리학, 상담학 등에서 활용되고 있다.
　사람과의 관계에서 '소통과 공감'을 중시하는 현대사회에서는 더욱 중요한 학문이다.
　왕(CEO)의 얼굴, 중간 관리자의 얼굴, 자금 담당자의 얼굴, 영업 직원의 얼굴, 내근 직원의 얼굴, 부자의 얼굴, 이성적이고 냉정한 얼굴, 정이 많고 다정다감한 얼굴 등을 구별하여 인사관리, 인간 관리에 활용하면 도움이 될 것이다.
　관상의 관찰 대상은 얼굴의 이목구비(면상: 面相), 신체의 형태(체상: 體相), 행위 하는 모습과 표정근육(행상: 行相), 목소리와 말투(성상: 聲相), 눈빛(안신:眼神)과 얼굴의 색 (찰색:察色), 마음(심상:心相) 등이다. 그중에서 마음의 상인 심상(心相)을 가장 중요하게 보는데, 내면에 있는 마음은 외면으로 드러나게 된다. 눈빛을 보면 그 사람의 마음이 오롯이 드러나며, 행위와 표정, 목소리와 말투를 통해서 마음은 곧 외부로 표출되는 법이다.

2. 관상의 관찰 대상

① 체상(體相):신체의 형태(키, 체중, 大小 등)
② 성상(聲相):목소리
③ 행상(行相):행동
④ 안신(眼神):눈빛
⑤ 심상(心相):마음의 상
⑥ 기색(氣色):얼굴의 색(운기 체크 포인트)

좋은 인상이라도 현재의 운기가 다운되면 얼굴색이 어둡고 탁해진다.

3. 인상을 보는 기준(조화&균형)

얼굴을 삼등분하여 초년(이마), 중년(코와 뺨), 말년(턱)의 운기를 살핀다.

상중하(上中下)의 3부분으로 나누어, 나이별 시기와 운명학적 특성을 판단한다.

코는 나 자신을 뜻하며, 이마는 나의 윗사람, 턱은 나의 부하직원을 상징한다.

코를 중심으로 이마는 명예(貴)를, 턱은 재물(富)을 상징한다.

4. 12궁(12 장소의 Face reading)

1. 명예, 출세, 승진을 살피는 장소
2. 행운과 복덕을 살피는 장소
3. 해외, 지방, 이동, 이사 등의 활동성을 살피는 장소
4. 부모를 살피는 장소
5. 출세와 성공을 살피는 장소
6. 동료와 형제를 살피는 장소
7. 가정과 집을 살피는 장소
8. 부부관계와 배우자를 살피는 장소
9. 자녀와 자식을 살피는 장소
10. 건강과 질병을 살피는 장소
11. 재물복을 살피는 장소
12. 부하직원을 살피는 장소

⟨12궁 도표⟩

	위치	명칭	상징성
1	이마 (정중앙)	명예궁(官祿宮)	지위와 명예, 승진, 윗사람
2	이마 (좌우눈썹 위)	복덕궁(福德宮)	복록과 행운
3	이마 (관자놀이 위)	이동궁(遷移宮)	이사, 이동, 해외
4	이마 (이마 좌우)	부모궁(父母宮)	부모, 윗사람
5	눈썹 (미간)	명궁(命宮)	운명의 성공, 출세
6	눈썹 (양쪽 눈썹)	형제궁(兄弟宮)	형제, 동료, 보호자, 계약, 서류
7	눈 (눈두덩이)	전택궁(田宅宮)	가정과 집, 부동산
8	눈 (눈꼬리)	배우자궁(妻妾宮)	배우자, 부부, 재물
9	눈 (눈 아래)	자식궁(男女宮)	자식, 제자
10	코 (콧대)	건강궁(疾厄宮)	건강, 질병, 수명, 나자신
11	코 (콧볼과 콧망울)	재물궁(財帛宮)	재물, 돈
12	턱	부하궁(奴僕宮)	하급자, 아랫사람, 자손

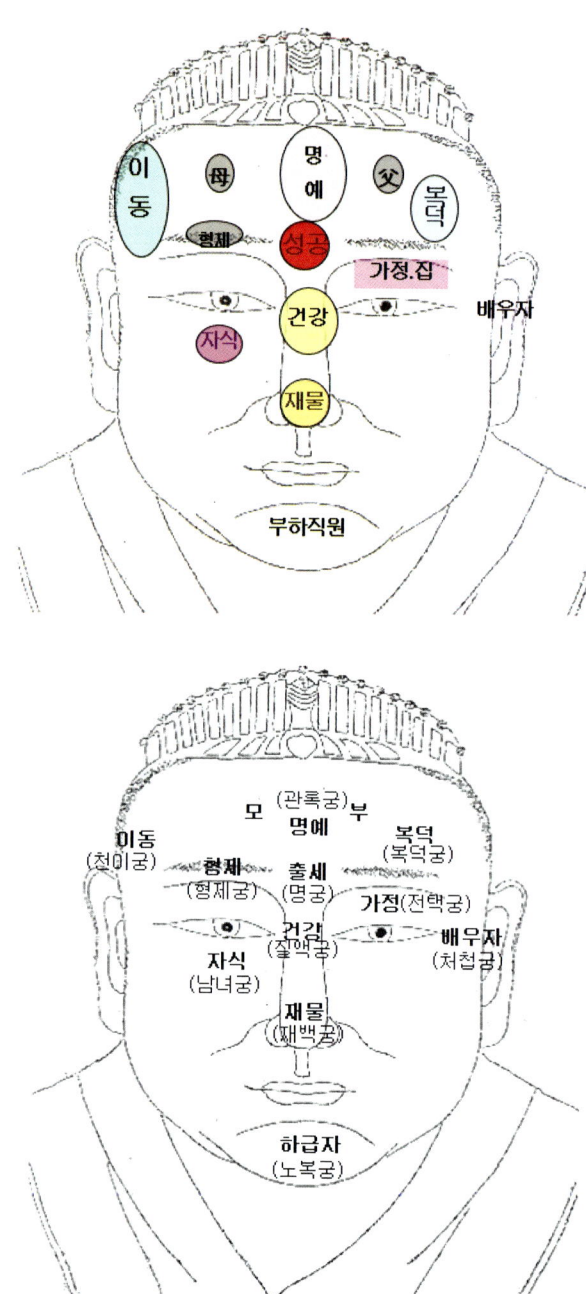

5. 얼굴의 나이별 위치

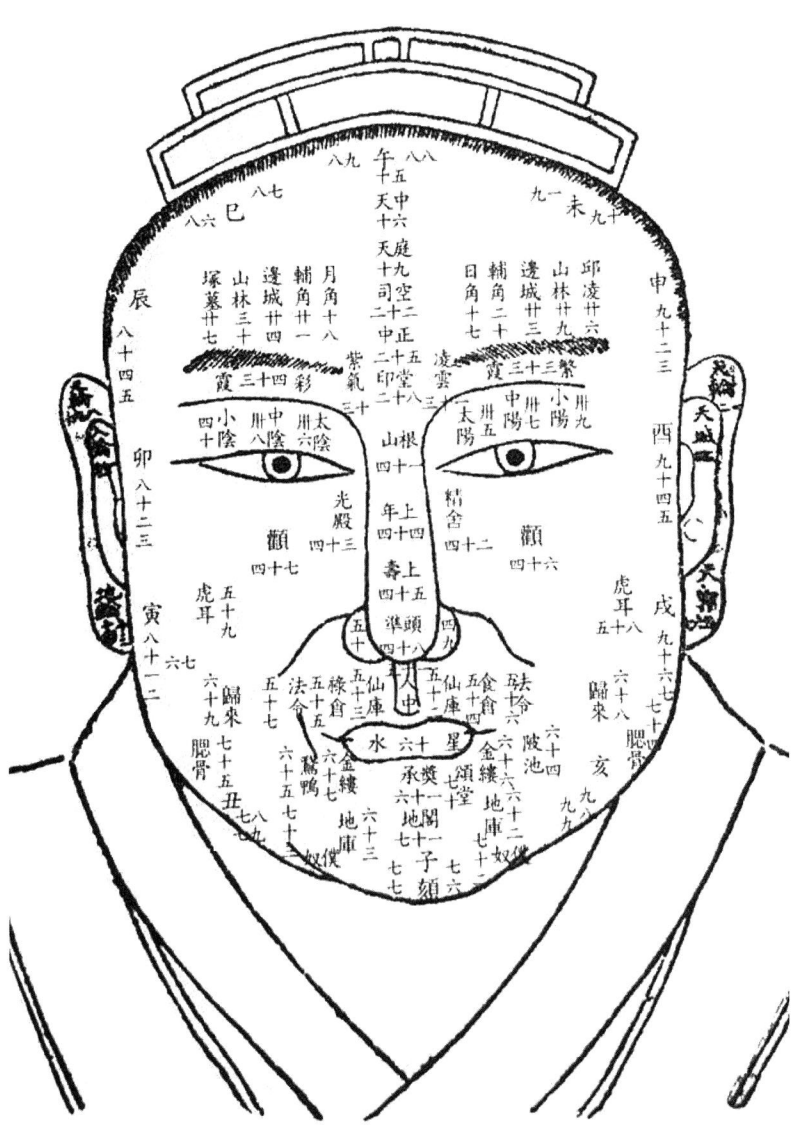

부록: 관상의 기초이론 223

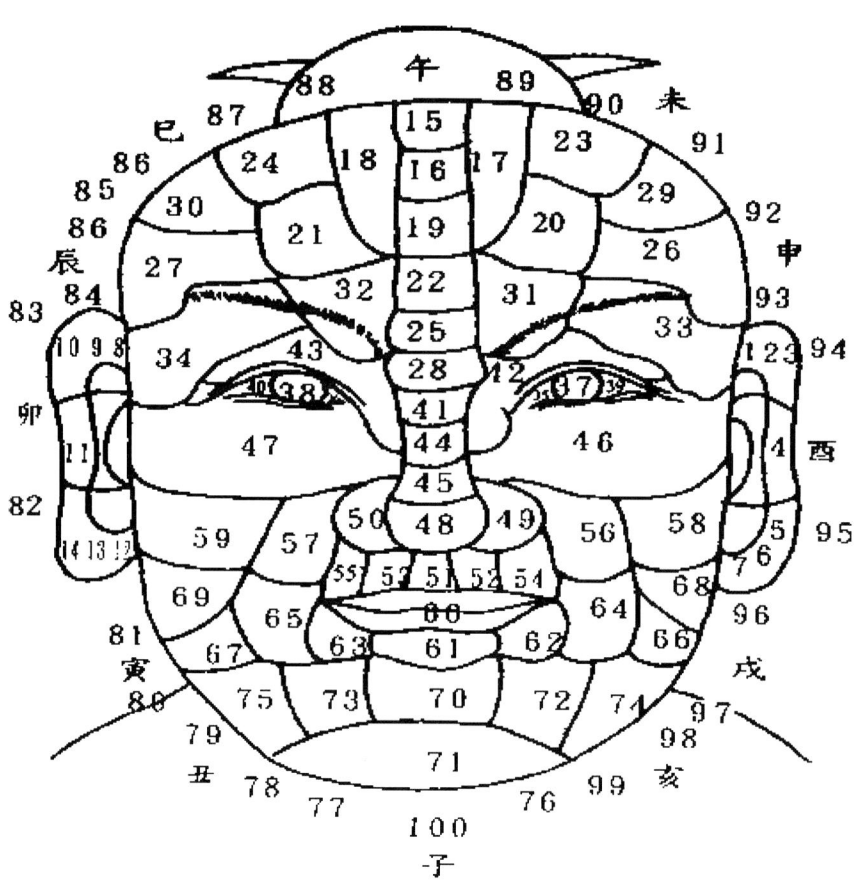

6. 인상과 대인관계

1) 이목구비(눈, 코, 입, 눈썹, 귀)의 판별법

(1) 좋은 눈 판별법

눈은 영혼이 담긴 장소이며, 정신과 같은 곳이다. 맑고, 밝으며, 힘이 있으며 흐르는 강물처럼 폭은 가늘고 길이는 길게 뻗어간 눈매가 좋다(동글고 쌍꺼풀 진 눈보다는, 가늘고 길쭉한 눈 스타일의 눈매다).

(2) 좋은 코 판별법

코를 뜻하는 한자는 비(鼻)이며, 나 자신을 뜻하는 자(自)와 부동산 재물복을 뜻하는 전(田)자로 이루어져 있다.

코는 도톰하고 콧방울이 크며, 콧날이 바르고 가지런하면 재물과 건강복이 좋다.

코가 비뚤어지거나, 마디나 굴곡이 지거나, 매부리코는 인생의 변화와 굴곡이 있다고 판단한다.

(3) 좋은 입 판별법

입은 크고, 붉은색으로 생기가 있으며, 웃는 모양(스마일)이면 운이 좋다.

(4) 좋은 귀 판별법

귀는 길고, 귓불이 크며, 살이 두툼해야 장수와 건강을 상징하며, 덕성이 많다.

(5) 좋은 눈썹 판별법

눈썹 숱이 진하며, 털이 부드럽고 윤택하며, 눈보다 길게 뻗어 있으면 좋은 눈썹이다. 특히 눈썹 사이를 미간(眉間)이라고 부르는데, 인상학에서는 성공과 출세를 상징하는 장소다. 미간이 볼록하게 솟아 있으면 집중력이 좋아 성공하는 관상이다. 미간은 제3의 눈으로 직관력, 집중력, 성공에 대한 의지를 나타낸다.

2) 나와 타인을 읽는 법

- 외향적인 성격의 인상: 광대뼈, 입, 뼈의 기운을 관찰한다.
- 내향적인 성격의 인상: 광대뼈, 입, 살집의 기운을 관찰한다.
- 명예 추구형의 인상: 볼록형, 살, 뼈, 이마, 코를 관찰한다.
- 물질 추구형의 인상: 오목형, 살, 뼈, 눈, 턱, 코를 관찰한다.
- 도움되는 인맥 살펴보기: 이마, 코와 관골, 턱, 귀를 관찰한다.
- 부하직원 및 직장 동료와 인사관리 체크하기: 이마, 눈썹, 광대뼈, 턱을 관찰한다.
- 직장 상사와 관계 맺기: 이마, 눈썹, 미간, 턱을 관찰한다.

3) 오행 얼굴형 관상 궁합법

상생의 얼굴형이 좋으며, 상극의 얼굴형은 좋지 않다.
- 계란형(목형): 길고 갸름한 계란형의 얼굴형이다.
- 삼각형(불형): 불의 형태인 삼각형 얼굴형이다.
- 둥근네모형(토형): 흙의 형태인 전(田)자형으로 둥글고 네모나며, 살이 약간 두텁다.
- 각진 사각형(금형): 금속의 형태로 사각형의 형태로 뼈가 발달되었다.
- 동근형(수형): 물의 모양으로 둥글게 생긴 복스러운 형태로 살이 있다.

4) 리더십과 사업운

① 리더십은 관상에서 눈(눈의 형태와 눈빛)과 이마와 턱을 본다.

눈은 정신과 같은 곳이어서 이곳이 밝고 힘이 있고, 봉황새의 눈처럼 길게 뻗어 나온 것을 '제왕의 눈'으로 보며, 리더쉽(정신적인 지도력)이 적절한 것으로 평가받는다.

둥글고 쌍꺼풀진 눈은 감정적이고 가늘고 길쭉한 째진 눈이 이성적인 리더자의 눈이다.

이마는 명예와 지위를 뜻하며, 턱은 아랫사람(부하직원)의 보필 여부를 본다. 따라서 이마와 턱이 잘 발달되면 리더자로서 갖춰야 할 환경조건이 잘 마련된 것이다.

② 사업운은 코(코와 콧방울)와 눈썹과 미간의 광채를 살핀다.

운이 좋다함은 얼굴의 색깔을 관찰한다. 대체로 얼굴색이 밝은 황기(밝고 깨끗하고 빛나고 윤택한 얼굴색)가 나타나면 운기(運氣)가 좋다고 본다.

또한 목소리가 꺾이지 않고 허스키하지 않으며, 맑고 크고, 단전에서 나와 멀리 울리는 음성이면 운기가 좋다고 본다.

특히 사업운은 재물복의 자리인 코와 콧방울과 눈썹과 미간을 살펴서 그 부위가 빛나고 깨끗하고, 눈썹이 눈을 잘 감싸고 있으면 사업운이 안정적으로 잘 받쳐주는 것으로 본다.

5) 관상 코디법

- 관상은 변한다(이마가 넓어지거나, 좋은 표정을 지으면 관상이 바뀐다).
- 목소리와 얼굴의 색이 좋으면 현재 운이 좋다.
- 강하고 밝은 눈빛은 강한 정신력을 나타낸다.
- 미간이 볼록하게 솟아 있으면 집중력이 좋아 성공하는 관상이다.
- 광대뼈가 발달되어 있으면 강력한 체력과 승부욕이 탁월하다.
- 턱이 넓어야 의지력과 인내심이 좋고 말년복이 좋다.
- 눈썹이 선명하고 형태가 가지런하면 노력의 결과가 주어진다.
- 면접 때는 티존 부위(눈썹과 코)가 밝은 사람을 선택한다.
- 자금 담당은 코(재물복)와 눈썹(재물복의 보호)을 위주로 본다.
- 입이 얇고 야무지면 비밀 엄수의 얼굴이다.
- 이목구비가 크고 시원하게 생긴 사람은 외향적이고 대범하여 외근

직에 잘 어울린다.
- 세밀하고 정밀한 분야는 이목구비가 작은 경우가 바람직하다.
- 얼굴의 점은 운을 감소시킨다.
- 얼굴의 흉터는 좋은 인상을 주지 못한다.
- 웃어서 생기는 모든 주름살은 좋다.
- 몸의 향기가 좋으면 운기 상승이다(좋은 향수를 사용하면 운기 상승에 도움된다).
- 좋은 자세와 습관이 행운을 부른다.
- 웃으면 복이 온다.
- 목소리와 얼굴의 색이 좋으면 말년에 귀인이 돕거나 행운이 따른다.
- 턱의 살집이 통통하고 입이 크고 입꼬리가 올라가면 말년 복록이 상승한다.
- 눈썹이 선명하고 진하면 건강과 문서, 부동산운이 좋아진다.
- 귀가 크거나 두터우면 말년의 건강운과 재물복이 좋아진다.
- 귀가 작거나 살집이 부족하다면 귀걸이로 보완할 수 있다.
- 눈썹이 진하지 않으면 메이크업과 눈썹문신으로 보완한다.
- 웃으면 입꼬리가 올라가고 입은 커진다.
- 노래를 부르거나 소리 내어 책을 읽으면 목소리가 좋아진다.
- 운동을 열심히 하면 오장육부의 기운이 좋아져서 기색이 밝아진다.